Backen mit dem

Backbuben

COCKTAIL-CAKES, KLASSIKER & KUCHEN VOM GRILL

MARKUS HUMMEL

Backen mit dem Backbuben

COCKTAIL-CAKES, KLASSIKER & KUCHEN VOM GRILL

EMF

EIN BUCH DER
EDITION MICHAEL FISCHER

Inhalt

Vorwort

Hey!

Wenn du – egal ob Mann oder Frau – jetzt gerade in einem Buchladen stehst und diese Zeilen liest, dann ist das gut, denn dieses Buch habe ich für dich geschrieben. Ja genau, du bist gemeint. Du musst dich jetzt nicht umschauen, ob jemand anders hinter dir steht. Ich meine genau dich.

Du wolltest schon immer mal backen, aber die meisten Rezepte sind dir zu kompliziert? Du hast es satt, dass deine Schwiegermutter glaubt, niemand würde besser backen als sie? Deinen Freunden schmecken deine Muffins, sie wünschen sich aber auch mal was anderes von dir? Dann hältst du genau das richtige Buch in deinen Händen. Mit den folgenden Rezepten bekommst du sie alle rum. Spätestens wenn du deiner Schwiegermutter eine perfekte Schwarzwälder Kirschtorte, deinen Kumpels einen Apple Pie vom Grill, deinem Schatz Bananenmuffins mit flüssigem Karamellkern oder deinem Papa saftige Whiskey-Brownies servierst, sind sie dir alle verfallen.

In diesem Buch warten mehr als 50 leckere Rezepte auf dich, die du ohne ausgefallenes Equipment zubereiten kannst. Egal, ob du schon mal gebacken hast oder nicht. Neben klassischen Backrezepten und süßen Kleinigkeiten zum Selbst-Verwöhnen darfst du dich besonders auf die Cocktail-Cakes und die Leckereien vom Grill freuen. Die Rezepte sollen aber nicht nur schmecken, sondern außerdem meine Freude am Backen weitergeben. Denn Backen ist meine Leidenschaft und ich freue mich sehr, wenn ich dich damit anstecken kann!

Wenn du jetzt Panik bekommst und dir denkst: „Aber ich hab doch noch nie gebacken; ich weiß ja gar nicht, was man dafür alles braucht!" – dann kann ich dir sagen: Immer mit der Ruhe. Dafür hab ich dir viele hilfreiche Tipps zum Backen, zum richtigen Equipment und eine kleine Zutatenkunde mit ins Buch gepackt. Damit auch noch die letzte Unklarheit beseitigt ist.

Und sollte doch noch eine Frage offen sein, dann schau einfach auf meinem Blog www.backbube.com vorbei, ich helfe dir gern weiter.

Möge der Schneebesen mit dir sein,

dein Markus

Backbube
MÖGE DER SCHNEEBESEN MIT DIR SEIN

zenker

Grundlagen

Materialkunde

„Was brauche ich denn alles, um fürs Backen perfekt ausgestattet zu sein?" Diese Frage höre ich immer wieder. Es gibt ja wirklich unzählige Backutensilien in allen Formen und Farben; da kann man schon mal den Überblick verlieren. Darum hab ich für dich eine kleine Übersicht zusammengestellt mit allem, was man so zu Hause haben sollte. Dann steht dem perfekten Kuchen nichts mehr im Wege.

Backbleche und Rost

Ein Backblech und ein Rost gehören standardmäßig zum Backofen. Die meisten Kuchen werden auf dem Rost gebacken, da sich so die Hitze gleichmäßiger verteilen kann. Auf dem Backblech kannst du Blechkuchen, Biskuitböden oder Cookies backen. Wichtig ist, dass sich das Blech in der Mitte nicht nach oben wölbt, sonst wird der Kuchen in der Mitte schneller fertig als außen oder Beläge und Füllungen rutschen zur Seite. Im Handel gibt es außerdem kleinere Backbleche sowie spezielle Kuchenbleche bzw. -formen, die einen etwas höheren Rand haben als das Standard-Backblech des Backofens (siehe auch unter „Backformen"). Man stellt sie auf den Ofenrost.

Backformen

Backformen gibt es in den verschiedensten Materialien, Formen und Größen. Aber welche sind denn nun wichtig und welche werden eher selten benötigt? Für die Rezepte aus diesem Buch brauchst du gar nicht so viele verschiedene Formen, wie du vielleicht glaubst. Wenn du die folgende Grundausstattung zu Hause hast, kannst du dich bedenkenlos ans Werk machen:

- 1 Standard-Gugelhupfform (22–26 cm Durchmesser)
- 1 große Springform (26 oder 28 cm Durchmesser)
- 1 kleine Springform (20 cm Durchmesser, 10 cm hoch)
- 1 Kastenform (24–30 cm Länge)
- 1 Pieform (24–26 cm Durchmesser)
- 1 Muffinblech (12 Mulden) mit passenden Papierförmchen
- 1 Cookieblech (das nur halb so groß ist wie das Backblech des Backofens)
- 1 Brownieform (mit 4 cm hohem Rand; 22 cm Seitenlänge)
- 1 Donutform (12 Mulden)

Mit diesen Formen lassen sich alle Rezepte aus meinem Buch backen. Das Material spielt dabei kaum eine Rolle. Nur bei Formen aus Aluminium solltest du die Temperatur immer etwa um 10 Grad reduzieren, da dieses Material die Hitze besser leitet. Im Handel gibt es oft auch Sets, die bereits drei oder vier der wichtigsten Formen enthalten.

Backofen

Der Backofen sollte sowohl eine Umluft- als auch Ober-/Unterhitze-Funktion haben. Es gibt nämlich Teige, die man nicht mit Umluft backen sollte, sondern nur mit Ober-/Unterhitze und umgekehrt. Jeder Backofen verteilt außerdem die Hitze auf unterschiedliche Weise. Das heißt, du müsstest eventuell die Temperaturangaben in meinen Rezepten auf deinen Ofen anpassen. Wenn du merkst, dass in deinem Ofen Kuchen immer schon vor dem Ende der angegeben Backzeit fast verbrennen, dann stelle einfach 10–20 Grad weniger ein.

Backpinsel

Einen Backpinsel benötigst du beispielsweise, um Formen einzufetten, um Glasuren auf Kuchen zu verstreichen oder um Teige vor dem Backen mit Wasser oder verquirltem Ei zu bepinseln.

Eisportionierer

Auch wenn Eisportionierer ursprünglich nicht fürs Backen hergestellt wurden: Du kannst damit hervorragend den Teig für Cookies, Muffins oder Cupcakes portionieren.

Handrührgerät und Küchenmaschine

Es ist sehr empfehlenswert, ein elektrisches Handrührgerät mit Rührbesen- und Knethakenaufsätzen parat zu haben. Damit kannst du nämlich die meisten Teige anrühren.
Manche Teige oder Zutaten muss man allerdings 10 Minuten oder länger rühren – da kann es schon mal sein, dass einem fast der Arm abfällt. In diesen Fällen bist du froh um eine Küchenmaschine, bei der Rühraufsätze und Rührschüssel fest miteinander verbunden sind (ich meine damit nicht den Standmixer für Smoothies und Ähnliches, der auch oft als Küchenmaschine bezeichnet wird). Die stellst du nämlich einfach ein, und sie rührt von ganz allein.

Holzkochlöffel

Ein ebenfalls wichtiger Helfer ist der Holzkochlöffel. Mit ihm kannst du unter anderem Karamell anrühren, Mehl-Backpulver-Mischungen unter den Teig heben oder Teig portionieren. Mit Kochlöffeln aus Plastik habe ich eher schlechtere Erfahrungen gemacht: Sie können auch ganz leicht mal schmelzen.

Holzstäbchen

Ein Holzstäbchen ist ein essentieller Helfer beim Backen. Damit machst du den berühmten „Stäbchentest“: Du piekst das Stäbchen immer kurz vor Ende der Backzeit in die Mitte des Gebäcks, und wenn kein Teig mehr am Stäbchen hängen bleibt, ist das Backwerk fertig. So erkennst du leicht, ob die Backzeit verlängert oder (in Zukunft) verkürzt werden sollte. Du kannst einen Schaschlikspieß oder einen Holzzahnstocher dafür verwenden.

Küchenreibe

Mit einer Küchenreibe kannst du Schokolade raspeln, Muskatnüsse oder Ingwer reiben oder auch die Schale von Zitrusfrüchten dünn abreiben. Am besten ist eine Reibe mit unterschiedlich feinen Reibeflächen.

Mehlsieb

Ein Mehlsieb (wie rechts im Foto abgebildet) ist ebenfalls unverzichtbar, wenn's ums Backen geht. Damit lässt sich Mehl gleichmäßig über den Teig oder Puderzucker über den fertigen Kuchen sieben.

Messlöffel

Auf Messlöffel möchte ich nie wieder verzichten. Es gibt sie meist im Viererset, und sie sind unglaublich praktisch. Damit lassen sich 1 EL, 1 TL, ½ TL und ¼ TL spielend leicht dosieren. Da diese Mengen eigentlich in jedem Backrezept vorkommen, ist die Anschaffung solcher Löffel wirklich Gold wert.

Nudelholz

Ein Nudelholz brauchst du, um Hefe-, Mürb- und Pieteige auszurollen. Es geht zwar notfalls auch mit einer gesäuberten Weinflasche oder sogar mit den Handflächen, aber dann wird das Ergebnis nicht so gleichmäßig.

Palette

Die Palette (auch Kuchen- oder Tortenpalette) hat nichts mit der Holzkonstruktion zu tun, auf der Waren verschickt werden. Mit ihr kannst du Teige glatt streichen und fertige Böden mit Sahne oder Cremes einstreichen. Außerdem kannst du die Palette als Tortenheber verwenden. Es gibt sie ganz gerade (wie Messer) oder mit versetztem Griff (wie Tortenheber), damit etwa beim Glattstreichen der Rand der Springform nicht „im Weg“ ist.

Schneebesen

Der Schneebesen ist einer der wichtigsten Gegenstände beim Backen: Mit ihm kannst du auch Teige anrühren, wenn du weder Küchenmaschine noch Handrührgerät besitzt. Ich schlage damit sogar Eiweiß steif, und bei mir geht das schneller als mit dem Handrührgerät. Dafür ist allerdings Übung nötig. Außerdem kannst du mit dem Schneebesen auch eine luftige Masse, wie etwa Eischnee, leichter unter den Teig heben, ohne dass die Masse dabei wieder in sich zusammenfällt.

Silikonspatel

Auch einen Silikonspatel benutze ich oft. Damit bekommst du kinderleicht Teige oder auch geschmolzene Schokolade restlos aus Schüsseln und Töpfen, kannst Zutaten, die beim Verrühren am Rand der Form hängen bleiben, besser abschaben, und bekommst auch noch den winzigsten Rest Joghurt aus dem Becher. Zum Verstreichen von Teigen ist er ebenfalls perfekt geeignet.

Zestenreißer

Ein weiteres Helferlein, das ich nicht mehr missen möchte, ist der Zestenreißer. Damit lässt sich die Schale von Zitrusfrüchten abreiben, ohne dass die bittere, weiße Schicht unter der Schale mit abgeraspelt wird. Zudem erhältst du so meist dünne Streifen, mit denen du Cupcakes oder Torten hübsch verzieren kannst.

Es gibt natürlich viele weitere Dinge, die beim Backen praktisch sind. Die meisten davon hast du wahrscheinlich sowieso in der Schublade, weil man sie auch oft für andere Dinge braucht. Wenn du neben dem Equipment, das ich hier aufgelistet habe, auch noch Schüsseln, Backpapier, Alufolie, Frischhaltefolie, Teller und Besteck zu Hause hast, kannst du jetzt erfolgreich durchstarten.

1/4 TEASPOON
(1.25 ML)
(5.0 ML)
1 TABLESPOON
(15.0 ML)

Zutatenkunde

Heutzutage sind im Handel die ausgefallensten Backzutaten erhältlich. Hier möchte ich dir einen kleinen Überblick über diejenigen geben, die man am häufigsten braucht. Viele davon hast du wahrscheinlich schon im Schrank stehen, weil du sie auch fürs Kochen verwendest. Ich persönlich lege bei den Zutaten sehr viel Wert auf gute Qualität, da ich überzeugt bin, dass sie sich auch im Geschmack niederschlägt.

Backpulver und Natron

Auch wenn das viele denken, Backpulver und Natron sind nicht das Gleiche. Natron ist reines Natriumhydrogencarbonat, das erst in Verbindung mit sauren Zutaten seine Treibkraft entwickelt. Backpulver enthält dagegen neben Natron noch ein Säuerungsmittel (meist Zitronensäure) und ein Trennmittel, das den sofortigen Treibeffekt verhindern soll. Backpulver kann nicht 1 : 1 durch Natron, Natron aber 1 : 1 durch Backpulver ersetzt werden.

Butter und Margarine

Manche Leute finden, es macht keinen Unterschied, ob man einen Kuchen mit Butter oder Margarine bäckt. Ich persönlich kann nur sagen: Geschmacklich ist Butter eindeutig die bessere Wahl. Margarine verwende ich eigentlich nur zum Backen, wenn keine Butter im Kühlschrank ist und die Läden geschlossen haben.

Eier

Bei Eiern gehe ich keine Kompromisse ein – zum Backen verwende ich nur Bio-Eier von frei laufenden Hühnern. Das macht sich besonders geschmacklich bemerkbar. Ich lagere Eier außerhalb des Kühlschranks, da es beim Backen oft wichtig ist, dass die Eier Zimmertemperatur haben. Erst nach Ablauf des Kühldatums (10 Tage vor dem Mindesthaltbarkeitsdatum) pack ich sie in den Kühlschrank. Dass die Größe der Eier, die im Rezept angegeben ist, eingehalten wird, ist wichtig, da sich sonst das Verhältnis zwischen flüssigen und trockenen Zutaten ändert. 3 Eier der Größe L kannst du beispielsweise nicht einfach durch 3 Eier der Größe M ersetzen, sonst bekommt der Teig eine andere Konsistenz.

Gewürze und Kräuter

Gewürze sind manchmal das Zünglein an der Waage, ob ein Kuchen gut oder sehr gut schmeckt. Ein Apfelkuchen ohne Zimt kann mit einem Apfelkuchen mit Zimt einfach nicht mithalten. Auch Kardamom, Muskat, Safran oder Ingwer bringen oft den letzten Kick in den Teig. Wie auch beim Kochen sollte man diese intensiven Gewürze allerdings eher sparsam dosieren, sonst schmeckt's am Ende dann doch nicht. Auch frische Kräuter kannst du zum Backen verwenden: Basilikum schmeckt gut im Erdbeerkuchen, Thymian lässt sich prima mit Rhabarber verbinden und Minze passt zu jedem frischen Sommerkuchen.

Kakaopulver

Es ist ganz wichtig, dass du kein Trinkschokoladenpulver verwendest, sondern Kakaopulver zum Backen. Dieses ist nicht mit Zucker vermischt, sondern besteht aus purem Kakao. Du findest es meist bei den Backzutaten, manchmal aber auch im Regal bei den Trinkschokoladen, was etwas irreführend sein kann.

Mehl

Mehl ist ein wichtiger Bestandteil in den meisten Kuchen, Torten und anderen Gebäcken. Am häufigsten wird dabei Weizenmehl Typ 405 verwendet. Es hat sehr gute Backeigenschaften und ist überall erhältlich. Du kannst es in Rezepten aber auch 1 : 1 durch Dinkelmehl Typ 630 ersetzen. Auch mit Vollkornmehl lassen sich leckere Kuchen backen. Die Typzahl gibt an, wie stark das Mehl ausgemahlen wurde bzw. wie viele Mineralstoffe (in mg) noch in 100 g Mehl enthalten sind. Je gröber allerdings das Mehl ist (also je höher die Typzahl), umso mehr Flüssigkeit musst du dazugeben, damit der Teig nicht zu fest wird.

1 TEASPOON
(5.0 ML.)
(2.5 ML.)
1/4 TEASPOON
(1.25 ML.)

Nüsse und Trockenfrüchte

Nüsse und Trockenfrüchte gehören zu den Zutaten, bei denen ich niemals an der Qualität sparen würde. Ich kaufe beispielsweise Mandeln und Haselnüsse nie gemahlen, sondern mahle sie selbst. Bei Trockenfrüchten achte ich darauf, dass sie ungeschwefelt sind. Sie sind dann zwar nicht so lange haltbar, schmecken aber im Kuchen viel besser.

Obst

Ich versuche immer regionales Obst zu verwenden, das auch gerade Saison hat. Manchmal gibt es allerdings die Obstsorten gerade nicht, die man gern hätte. Dann kannst du ohne Probleme auf tiefgekühltes Obst zurückgreifen. Achte nur darauf, dass es nicht zusätzlich gezuckert ist. Am besten frierst du selbst frisches Obst auf Vorrat ein.

Schokolade

Wenn man mich nach dem Sinn des Lebens fragt, dann gebe ich immer die gleiche Antwort: Schokolade. Schokolade ist einfach meine absolute Lieblingszutat beim Backen – okay, kurz nach Zimt. Ich finde, bei keiner anderen Zutat schmeckt man die Qualität am Ende so sehr heraus wie bei Schokolade. Billige Schokolade hat oft einen säuerlichen Beigeschmack. Darum lege ich dir sehr ans Herz, bei der Schokolade nicht zu sparen.

Speisestärke

Speisestärke sollte in keiner Backschublade fehlen. Sie wird unter anderem zum Binden von Fruchtsoßen oder Pudding verwendet. Wenn du einen Teil des Mehls im Kuchenrezept durch Stärke ersetzt, wird der Kuchen etwas feiner.

Vanillezucker

Vanillezucker ist eine wichtige Zutat in vielen Rezepten. Du solltest ihn jedoch nicht mit dem künstlich aromatisierten Vanillinzucker verwechseln. Der schmeckt ganz anders und ist wie gesagt mit Aroma versetzt. Wie du Vanillezucker ganz leicht selbst machen kannst, erfährst du übrigens auf Seite 32.

Zucker

Zum Backen verwende ich besonders feinen Backzucker, den es im Handel meist bei den Backzutaten gibt. Er löst sich einfach schneller auf. Normaler Zucker ist auch gut zum Backen geeignet, doch bei manchen billigen Zuckerarten hatte ich schon das Problem, dass sie sich nicht schnell genug gelöst haben. Braunen Zucker kannst du ebenfalls zum Backen verwenden, er passt ausgezeichnet zu allen Rezepten mit Schokolade. Gut schmecken Zuckersorten wie Muscovado oder Rohrohrzucker.

Tipps & Tricks

Hier verrate ich dir erst mal ein paar generelle Tipps und Tricks, die so manchen Vorgang beim Backen erklären oder dir einfach das Hantieren mit den Küchengeräten und den Zutaten erleichtern können.

- Backpapier lässt sich leichter in eine Form legen, wenn du es vorher nass machst, zerknüllst, ausdrückst und wieder entfaltest. Dann passt es sich jeder Ecke an.

- Backpapier lässt sich einfacher von Biskuitteig abziehen, wenn du es mit einem feuchten Tuch leicht einweichst.

- Wenn du das Mehl vor dem Einrühren gleichmäßig auf den Teig siebst, wird der Kuchenteig viel lockerer.

- Ein Kuchen wird ebenfalls besonders locker, wenn du nicht alle Eier auf einmal in den Teig gibst, sondern jedes Ei einzeln etwa 30 Sekunden lang einrührst.

- Kaltes Eiweiß lässt sich viel leichter zu Eischnee schlagen als warmes. Außerdem kann man kalte Eier besser trennen, da dann das Eigelb nicht so leicht zerreißt.

- Wenn du Eier trennst, darf unter gar keinen Umständen Eigelb ins Eiweiß gelangen, sonst lässt sich das Eiweiß nicht zu Schnee schlagen. Nimm daher am besten drei kleine Schüsseln: Trenne jedes Ei über der ersten Schüssel, gib das Eigelb in die zweite und schütte dann das Eiweiß aus der ersten in die dritte, bevor du das nächste Ei trennst. Sollte ein Eigelb reißen, passiert dies nur in der ersten Schüssel, das Eiweiß in der dritten bleibt davon aber unberührt.

- Wenn du Eiweiß zu Eischnee schlägst, achte auch darauf, dass sich nicht die geringste Spur Fett – bzw. Eigelb – am Rührbesen befindet. Daher schlägst du am besten immer zuerst das Eiweiß und danach das Eigelb auf. Dann musst du die Rühraufsätze zwischendrin nicht abwaschen. (Wenn Eiweiß zum Eigelb gelangt, ist das nämlich kein Problem.)

Wissenswertes

zu den Rezepten im Buch

Wenn du die folgenden Hinweise gut durchliest, kann eigentlich nichts mehr schiefgehen. Hier habe ich nämlich ein paar allgemeine Infos für dich zusammengestellt, die fast alle meine Rezepte in diesem Buch betreffen.

- Die Zutaten sollten vor der Verarbeitung Zimmertemperatur haben (Ausnahmen sind klar hervorgehoben). Achte darauf, dass besonders Zutaten, die Milch oder Eier enthalten, nicht in direktem Sonnenlicht stehen. Sahne dagegen solltest du grundsätzlich schön kalt stellen – dann lässt sie sich besser aufschlagen.

- Alle Eier in diesem Buch hatten die Größe M – die wurden höchstwahrscheinlich von einer M-Henne gelegt. Ab und zu kam auch mal eine L-Henne vorbei und hat ein paar Eier dagelassen. Das ist dann im jeweiligen Rezept vermerkt.

- Ich habe alle Leckereien auf einem Rost auf der mittleren Schiene im Ofen gebacken. Bei Öfen mit vier Schienen empfehle ich übrigens die zweite Schiene von unten (die mittlere zu nehmen, ist da ja etwas schwierig) – damit wäre dieses Mysterium nun auch aufgeklärt.

- Fast alle Rezepte wurden mit Ober-/Unterhitze gebacken. Natürlich funktionieren sie auch mit Umluft; dann solltest du jedoch die Temperatur um 20 Grad reduzieren. GANZ WICHTIG: Bestimmte Teige dürfen nicht bei Umluft bzw. Ober-/Unterhitze gebacken werden. Das ist aber dann im Rezept selbst deutlich angemerkt.

- Um zu testen, ob ein Kuchen schon durch ist, machst du den Stäbchentest: Dazu stichst du mit einem Holzstäbchen den Kuchenboden von oben bis unten ein. Bleibt am Stäbchen noch roher Teig hängen, muss der Kuchen etwas länger im Backofen weitergaren.

- In diesem Buch bezeichne ich nicht nur süße Aufstriche aus Zitrusfrüchten als Marmeladen, sondern auch solche, die heute strenggenommen als „Konfitüren" bezeichnet werden, wie etwa Erdbeer-, Kirsch- oder Aprikosenmarmelade.

Tipps & Tricks für Kuchen vom Grill

In diesem Buch erwartet dich auch ein Kapitel mit raffinierten Kreationen vom Grill (ab Seite 56). Das war eine ganz besondere Herausforderung, aber ich habe sie sehr gern angenommen. Damit du weißt, was beim Kuchen-Grillen zu beachten ist, habe ich hier ein paar Tipps und Infos für dich.

- Ich habe alle zehn Rezepte auf dem Rost eines Kugelgrills, der mit Holzkohle befeuert wird, gebacken bzw. gegrillt. Die Kuchen und die anderen Kleinigkeiten werden immer mit geschlossenem Deckel gegrillt.

- Die Rezepte funktionieren nur, wenn du indirektes Grillen verwendest. Dazu schüttest du die Holzkohle nur auf eine Seite deines Grills, bringst sie zum Glühen und backst die Kuchen auf der Hälfte des Rosts, die nicht direkt über den Kohlen liegt.

- Wenn du noch keinen Pizzastein (auch Grillstein genannt) für deinen Grill hast, dann empfehle ich dir wärmstens, dir einen zuzulegen. Er ist echt praktisch und kostet gar nicht so viel. Solange du keinen Pizzastein hast, kannst du alle Kuchenformen und Bleche auch einfach direkt auf den Rost stellen. Lege dann aber auf jeden Fall ein Stück Alufolie darunter.

- Besorg dir unbedingt ein Thermometer für deinen Grill, sofern er nicht schon damit ausgestattet ist. Das ist ganz wichtig, um die Temperatur im Inneren des Grills zu kontrollieren.

- Jeder Grill ist natürlich anders – heizt anders, ist unterschiedlich groß oder tief. Darum beginne am besten mit dem Rezept für die Tomaten-Pecorino-Cookies. An diesem Rezept kannst du gut austesten, ob die Temperatur deines Grills mit meinen Angaben übereinstimmt oder ob du sie etwas anpassen musst.

- Wenn du dich gut mit deinem Grill auskennst und von deinen Freunden schon den Spitznamen „Grillmeister" verpasst bekommen hast, kannst du auch mal damit experimentieren, die Rezepte auf einem Elektro- oder Gasgrill zu backen.

- Natürlich lassen sich alle Rezepte auch im Backofen bei Ober-/Unterhitze backen. Die Temperaturangaben kannst du 1 : 1 übernehmen.

Grundrezepte

Süßer Hefeteig
Grundrezept

Hier zeige ich dir, wie ich am liebsten Hefeteig zubereite. Das Rezept ist die Basis für mehrere Backwaren in diesem Buch. Du kannst es auch für Hefeblechkuchen und für deinen Hefezopf zum Frühstück verwenden. Ich erkläre dir die einzelnen Arbeitsabschnitte in einer Schritt-für-Schritt-Anleitung. Ganz wichtig: Hefeteig **NIE** mit Umluft backen; immer Ober-/Unterhitze verwenden!

Zutaten

500 g Mehl
1 Würfel Hefe (42 g)
80 g Zucker
220 ml warme Milch
80 g weiche Butter
1 Ei

Zubereitung

1. Gib das Mehl in eine Schüssel und forme eine Mulde in der Mitte. Brösle die Hefe in eine kleine Tasse, gib 1 TL Zucker dazu und verrühre beides mit etwas warmer Milch. Gieße dann die Mischung in die Mulde im Mehl.
2. Decke die Schüssel mit einem Geschirrtuch ab und lass die Hefe 10 Minuten im Mehl quellen.
3. Gib die restlichen Zutaten in die Schüssel.
4. Verrühre alles mit den Knethaken des Handrührgeräts oder der Küchenmaschine zu einem Teig. Sobald sich der Teig vom Rand löst, nimm ihn aus der Schüssel und knete ihn auf einer leicht bemehlten Arbeitsfläche zu einem glatten Hefeteig. Gib ihn in eine saubere Schüssel und lass ihn 30 Minuten abgedeckt an einem warmen Ort gehen.
5. Schlage den Teig nach dem Gehen mit der Faust nieder und knete ihn nochmals auf einer bemehlten Arbeitsfläche gut durch.
6. Rolle den Teig auf einer bemehlten Arbeitsfläche aus.

Variante
Salziger Hefeteig

Für salzigen Hefeteig lässt du einfach den Zucker weg und gibst bei Schritt 3 stattdessen 2 TL Salz zum Teig.

Mürbteig

Grundrezept

Dieses Rezept ist denkbar einfach – meine Oma nannte es das „1-2-3-Mürbteig-Rezept". Zudem lässt sich der Teig portionsweise lagern: Wenn er fertig ist, teilst du ihn in mehrere Teile, packst jeden in einen Gefrierbeutel und drückst ihn flach. Dann verschließt du die Beutel und legst sie übereinander ins Eisfach. Wenn du Mürbteig brauchst, holst du eine Tüte heraus, brichst einige Stücke ab, lässt sie 5 Minuten antauen und verknetest alles – fertig!

Zutaten

100 g Zucker

300 g Mehl

200 g weiche Butter

Zubereitung

1. Gib die Zutaten auf eine Arbeitsfläche.
2. Verknete die Zutaten mit den Händen, bis ein glatter Teig entstanden ist.
3. Forme den Teig zu einer Kugel. Wickle ihn in Frischhaltefolie und lege ihn mindestens 1 Stunde in den Kühlschrank. Oder friere ihn für spätere Verwendung ein, wie oben beschrieben.
4. Rolle den Teig aus und verarbeite ihn weiter.

Mürbteig wird oft als Basis für Käse- oder Obstkuchen verwendet. Du kannst daraus aber auch leckere Tortenböden backen. Mürbteig ohne Belag backst du am besten bei 150–175 Grad. Wenn die Ränder leicht braun werden, ist der Boden fertig.

Variante

Vanillemürbteig

Für diese Variante knetest du einfach am Ende von Schritt 2 noch das Mark von 1 Vanilleschote mit in den Teig.

Variante

Schokoladenmürbteig

Für die schokoladige Variante ersetzt du 20 g Mehl durch 20 g Kakaopulver.

Biskuitteig
Grundrezept

Dieser Biskuitteig ist optimal geeignet für Biskuitrollen und für Tortenböden; doch auch einfache Obstkuchen schmecken damit köstlich! Biskuitteig ist zwar sehr empfindlich, aber seiner weichen, locker-luftigen Konsistenz kann kaum jemand widerstehen.

Zutaten

6 Eier

200 g Zucker

1 Päckchen Vanillezucker

6 EL heißes Wasser

150 g Mehl

125 g Speisestärke

2 TL Backpulver

1 Prise Salz

Zubereitung

1. Gib die Eier, den Zucker, den Vanillezucker und das heiße Wasser in eine große Schüssel und schlage alles 10 Minuten lang schaumig.
2. Mische Mehl, Speisestärke, Backpulver und Salz und siebe es auf den Eischaum in die Schüssel.
3. Hebe die Mehlmischung mit dem Schneebesen vorsichtig unter die aufgeschäumte Eimasse.
4. Fülle den Teig vorsichtig in die verwendete Form. Wenn du Biskuitböden für eine Torte brauchst, dann lege den Boden einer Springform mit Backpapier aus und fülle den Teig ein. Wichtig: Die Ränder der Springform auf keinen Fall einfetten! Schiebe den Teig mit einem Silikonspatel zum Rand hin etwas nach oben (sodass er zur Mitte hin leicht abschüssig ist) – dann geht der Kuchen beim Backen gleichmäßig auf. Backe den Biskuitteig im Ofen bei 175 Grad Ober-/Unterhitze etwa 30–35 Minuten.

Variante
Schokobiskuit

Wenn du 50 g der Speisestärke durch 50 g Kakaopulver ersetzt, erhältst du einen leckeren Schokoladenbiskuit, den du auch für die Schwarzwälder Kirschtorte auf Seite 125 benötigst. Das Kakaopulver gibst du in Schritt 2 zusammen mit dem Mehl dazu.

Variante
Pistazienbiskuit

Eine weitere raffinierte Variante ist der Pistazienbiskuit. Um diesen zu backen, benötigst du statt 150 g Mehl nur 100 g Mehl, gibst aber dafür 50 g gemahlene Pistazien mit in den Teig.

Zutaten zum Selbermachen

Karamellcreme

Ich liebe Karamell. In allen Formen. Besonders gut schmeckt mir Karamellcreme – davon hab ich immer einen ordentlichen Vorrat zu Hause.
Man kann Karamellcreme aus Zucker, Milch und Sahne zubereiten; das gelingt jedoch nicht immer. Wenn etwa der Zucker zu lange karamellisiert, schmeckt's hinterher verbrannt. Kippt man die Sahne zu schnell zum Zucker, entstehen Klümpchen, die man kaum mehr rausbekommt. Ziemlich kompliziert also.
Es gibt aber eine ganz einfache Möglichkeit, Karamellsoße herzustellen. Alles, was du dazu brauchst, ist 1 Dose gezuckerte Kondensmilch und einen Topf mit Wasser …

Zutaten

1 Dose gezuckerte Kondensmilch

1 Topf mit reichlich kochendem Wasser

Zubereitung

1. Entferne die Papiermanschette der Kondensmilchdose. Lege die Dose in einen großen Topf mit reichlich Wasser. Achte darauf, dass sie vollständig mit Wasser bedeckt ist.
2. Bringe das Wasser zum Kochen und lass die Dose 2 ½ Stunden im sprudelnd kochenden Wasser liegen. (Die Dose MUSS immer vollständig vom Wasser bedeckt sein, denn sonst könnte sie explodieren!) Schütte immer wieder heißes Wasser nach. Lege keinen Deckel auf – nur so kannst du immer kontrollieren, ob noch genug Wasser im Topf ist.
3. Ziehe nach 2 ½ Stunden den Topf vorsichtig von der Herdplatte und lass den Inhalt komplett abkühlen. Hole dann die Dose heraus und stell sie noch auf ein Kuchengitter. Wichtig: Öffne die Dose erst, wenn sie vollständig erkaltet ist!

Vanillezucker

Vanillezucker kannst du ganz einfach selbst herstellen. Wenn du für ein Rezept frisches Vanillemark benötigst, dann wirf auf keinen Fall die ausgekratzte Schote weg, sondern gib sie wieder zurück in das Glasröhrchen (in dem Vanilleschoten meist verkauft werden). Sobald du 2 Schoten gesammelt hast, kann's auch schon losgehen.

Zutaten

400 g brauner Zucker

2 ausgekratzte Vanilleschoten

1 Schraubglas mit 400–500 ml Inhalt

Zubereitung

1. Gib 200 g braunen Zucker in ein Schraubglas. Schneide die Vanilleschoten in kleine Stücke und lege sie auf den Zucker. Schütte den restlichen Zucker auf die Schoten und verschließe das Glas.
2. Schüttle das Glas ein paarmal und lass es 1 Woche durchziehen. Dann kannst du den Zucker verwenden. Lass die Schoten im Glas und fülle es einfach immer wieder mit Zucker auf. (Natürlich kannst du auch weißen Zucker verwenden; mit braunem Zucker wird der Vanillezucker aber aromatischer.)

Vanillearoma

Für viele meiner Rezepte benötigst du Vanillearoma. Besonders gut schmeckt es, wenn du es selbst zubereitest – und das ist viel einfacher, als du denkst.

Zutaten

1 kleines Glasfläschchen

2–3 Vanilleschoten

Wodka

Zubereitung

1. Halbiere die Vanilleschoten quer und schlitze sie der Länge nach auf.
2. Gib die Schotenhälften in eine kleine Glasflasche und fülle sie bis oben hin mit Wodka auf. Verschließe das Fläschchen gut und lass die Mischung 2 Monate an einem dunklen Ort stehen. Dann ist das Vanillearoma fertig.
3. Wenn du etwas vom Aroma benutzt hast, kannst du das Fläschchen wieder mit Wodka auffüllen. Wichtig ist nur, dass du es immer gut verschließt und nicht dem direkten Sonnenlicht aussetzt.

Kleiner Tipp

Für den Vanillezucker kannst du die Schoten auch mitsamt dem Zucker in einem guten Mixer oder einer Kaffeemühle ganz fein mahlen; dann wird der Geschmack noch intensiver. Allerdings müssen die Vanilleschoten vorher ganz trocken sein!

Gebackenes mit Alkohol & Cocktail-Cakes

Kleiner Tipp

Hast du keine Buttermilch zur Hand, kannst du selbst welche herstellen: Verrühre 250 ml Milch kurz mit 2 EL Weißweinessig oder ein paar Spritzern Zitronensaft. Lass diese Mischung 10 Minuten stehen; sie eignet sich perfekt als Buttermilchersatz.

Zitronen-Ingwer-Kuchen mit Gin & Rosmarin

Mein absoluter Lieblingscocktail ist der „Rosingo" aus einer kleinen Bar in meiner Heimatstadt Ulm – ein herber Mix aus Gin, Zitronensaft, Ingwer und einem Rosmarinzweig. Weil ich diesem Aroma regelrecht verfallen bin, wollte ich einen Kuchen backen, der genauso schmeckt wie der Drink. Das, was beim Experimentieren herauskam, ist nun einer meiner Lieblingskuchen.

Zutaten

Für 1 Kastenform (30 cm Länge)

3 Bio-Zitronen

1 Stück frischer Ingwer (8–10 cm)

2 Zweige Rosmarin

380 g Mehl

1 TL Natron

etwas Salz

120 g weiche Butter

140 g + 1 EL Zucker

2 Eier

200 ml Buttermilch

50 ml Gin

Für den Zuckerguss (nach Belieben)

250 g Puderzucker

3–5 EL Gin

1 Zweig Rosmarin

Zubereitung

1. Heize den Ofen auf 170 Grad vor. Lege die Kastenform mit Backpapier aus.
2. Nun kommen erst mal ein paar Vorbereitungen: Reibe die Schale einer Zitrone ab und presse alle 3 Zitronen aus. Schäle den Ingwer und reibe ihn fein (du solltest am Ende 3 EL geriebenen Ingwer haben). Vom Rosmarin kannst du auch schon die Nadeln abstreifen und klein hacken. Zuletzt mischst du in einer Schüssel Mehl, Natron und Salz.
3. Schlage nun die weiche Butter zusammen mit 140 g Zucker 3 Minuten in der Küchenmaschine schaumig auf. Gib dann die Eier dazu und verrühre alles nochmals 2 Minuten lang.
4. Gib die Buttermilch und den Gin zum Teig und vermische alles gründlich.
5. Schnapp dir einen Holzkochlöffel und hebe vorsichtig den Ingwer, die Zitronenschale (nicht den Saft!) und den Rosmarin unter. Sollte der Teig nun stocken, dann wirf ihn bloß nicht weg, sondern ignoriere es einfach. Denn sobald du die Mehlmischung hinzufügst, erledigt sich das von selbst.
6. Und genau das machst du jetzt: Siebe die Mehlmischung über den Teig und rühre es vorsichtig ein.
7. Fülle den Teig in die Form und backe den Kuchen 50–60 Minuten. Nimm ihn dann aus dem Ofen und stelle ihn mitsamt der Form auf ein Kuchengitter.
8. Vermische den Zitronensaft mit 1 EL Zucker und stich mit einem Holzspieß mehrere Löcher in den heißen Kuchen. Übergieße ihn danach mit dem Zitronensaft und lass ihn komplett in der Form abkühlen.
9. Wenn du möchtest, kannst du nun einen Zuckerguss aus Puderzucker und Gin anrühren und gleichmäßig von der Mitte her über den Kuchen gießen. Bevor der Guss trocken ist, drückst du den Rosmarinzweig zur Verzierung hinein. Du kannst diesen Schritt aber auch weglassen.

TRA
OUT
NNESS

Guinness-Kuchen

mit Baileys-Frosting und Whiskey-Karamell-Soße

Eine der häufigsten Fragen, die ich zu diesem Kuchen gestellt bekomme, ist: „Schmeckt man das Bier im Kuchen?“ Ich kann dich beruhigen: Nein. Das Bier unterstreicht lediglich den Geschmack der Schokolade und macht den Kuchen unglaublich saftig. In Kombination mit dem Frosting und der Whiskey-Karamell-Soße zählt auch dieser Kuchen zu meinen absoluten Favoriten.

Zutaten

Für 1 Springform (20 cm Ø)

250 ml Guinness

250 g Butter

250 g Zucker

80 g Kakaopulver

2 Eier

1 TL Vanilleextrakt

140 ml Buttermilch

280 g Mehl

2 TL Natron

½ TL Backpulver

Für das Frosting

300 g Puderzucker, gesiebt

50 g weiche Butter

125 g Frischkäse

2 EL Baileys

Für die Karamellsoße

125 g Karamellcreme (siehe Seite 30 oder z. B. Dulce de Leche)

2 EL Whiskey

1 Prise Meersalz

Zubereitung

1. Heize den Ofen auf 170 Grad vor und lege die Springform mit Backpapier aus.
2. Stelle einen mittelgroßen Topf auf den Herd und erwärme darin bei mittlerer Hitze das Guinness zusammen mit der Butter, bis sich diese aufgelöst hat. Achte darauf, dass die Mischung nicht kocht! Nimm den Topf von der Platte und rühre Zucker und Kakaopulver mit hinein.
3. Verquirle die Eier, das Vanilleextrakt und die Buttermilch in einer kleinen Schüssel mit einem Schneebesen, gieße sie zur Guinness-Mischung und verrühre alles gründlich.
4. Siebe Mehl, Natron und Backpulver in eine große Schüssel und schütte die Biermischung mit dazu. Verrühre das Ganze mit dem Handrührgerät auf niedriger Stufe, bis alles gut verbunden ist.
5. Gieße den Teig in die vorbereitete Springform und backe den Kuchen 45 Minuten lang auf der mittleren Schiene. Mach nach Ende der Backzeit einen Stäbchentest, nimm den Kuchen aus dem Ofen und lasse ihn in der Form vollständig abkühlen.
6. Ist der Kuchen komplett ausgekühlt, kannst du ihn aus der Form nehmen und das Frosting zubereiten: Gib den gesiebten Puderzucker und die weiche Butter in die Schüssel der Küchenmaschine und verrühre beides auf niedriger Stufe, bis alles gut vermischt ist und eine sandähnliche Konsistenz hat. Rühre kurz auf niedriger Stufe den Frischkäse und den Baileys dazu. Schalte die Maschine dann auf die höchste Geschwindigkeit, bis das Frosting eine luftige Konsistenz hat (etwa 5 Minuten). Verstreiche es auf dem abgekühlten Kuchen.
7. Vermische zuletzt die Karamellcreme mit Whiskey und Meersalz und gieße sie großzügig über das Frosting.

Kleiner Tipp

Zum Ausstechen kannst du auch einen kleinen Servierring oder ein Longdrinkglas verwenden.

Caipirinha-Shortbread mit Cachaça

In Großbritannien isst man zum Tee gern Shortbread. Seit ich vor vielen Jahren von einer Freundin ein Rezept für diese schottische Leckerei bekommen habe, backe ich mir das mürbe Gebäck aber eigentlich zu jeder Gelegenheit. Es passt nämlich nicht nur zur klassischen Teatime, sondern macht sich auch hervorragend zu leckeren Cocktails – besonders in der Variante, die ich dir hier vorstelle.

Zutaten

Für ca. 20 Stück (1 Backblech)

- 200 g weiche Butter
- 100 g feiner Zucker
- 100 g Reismehl
- 200 g Weizenmehl
- 1 Prise Salz
- 1 TL abgeriebene Limettenschale
- brauner Zucker
- 2 TL Cachaça

Zubereitung

1. Heize den Ofen auf 160 Grad Umluft vor und lege Backpapier auf ein Backblech.
2. Schlage Butter und Zucker mit den Rührbesen des Handrührgeräts cremig auf.
3. Gib beide Mehlsorten, das Salz und die Limettenschale zur Buttermasse, verrühre alles kurz und knete es dann mit den Händen zu einem glatten Teig. (Keine Angst: Wenn du zu diesem Zeitpunkt denkst, der Teig wäre zu trocken, dann ist er genau richtig.)
4. Forme aus dem Teig eine Kugel und rolle ihn aus. Stich dann mit einem Keksausstecher Kreise aus und lege sie vorsichtig auf das Backblech. Verknete den restlichen Teig wieder. Wiederhole Schritt 4 so lange, bis der ganze Teig aufgebraucht ist.
5. Wenn alle Teigstücke auf dem Blech liegen, benötigst du einen Holzspieß. Stich mit diesem alle Kreise mehrmals bis zum Boden ein – das gibt nicht nur ein schönes Muster, sondern verhindert auch, dass sie beim Backen zu sehr aufgehen. Bestreue sie dann mit braunem Zucker.
6. Backe das Shortbread auf der mittleren Schiene des vorgeheizten Ofens etwa 16 Minuten. Es sollte nicht zu dunkel werden.
7. Hole nun die Mürbteig-Kekse aus dem Ofen, beträufle sie mit Cachaça und lass sie auf dem Backblech vollständig abkühlen. (Im heißen Zustand sind die kleinen Kekse nämlich noch sehr zerbrechlich.)

Abgekühlt hält sich das Shortbread luftdicht verpackt etwa 1 Woche. Aber so lange überlebt es sowieso nicht – versprochen!

Kleiner Tipp

Diese Brownies schmecken auch mit anderen Nüssen. Probier zum Beispiel mal Pecannüsse aus. Vom Whiskey kannst du natürlich nach Geschmack auch etwas mehr über die Schokoküchlein gießen. Aber nicht die ganze Flasche, sonst steht den armen Brownies der Alkohol bis zum Hals.

Whiskey-Brownies
mit Walnüssen

Diese süßen Happen in Würfelform gehören zu den besten Erfindungen der Welt – sie sind saftig, schokoladig und machen süchtig! Mit einer leckeren Kugel Vanilleeis gehen sie die perfekte Symbiose ein. Meine Brownies schmecken sogar noch etwas saftiger als üblich, denn ich verpasse ihnen zusätzlich einen ordentlichen Schuss Whiskey.

Zutaten

Für 1 Brownieform (22 x 22 cm)

120 g Mehl

½ TL Natron

½ TL Salz

110 g Zucker

75 g weiche Butter

2 EL Wasser

170 g gehackte Zartbitterschokolade

1 TL Vanilleextrakt

2 Eier

100 g Walnüsse, grob gehackt

125 ml Whiskey

Zubereitung

1. Heize den Ofen auf 180 Grad vor. Lege die Brownieform mit Backpapier aus.
2. Mische das Mehl in einer kleinen Schüssel mit Natron und Salz und stelle sie beiseite. Gib den Zucker, die Butter und das Wasser in einen mittelgroßen Topf und erhitze alles, bis es leicht zu köcheln beginnt. Gib dann die gehackte Schokolade und den Vanilleextrakt dazu und rühre so lange um, bis alles gut verbunden ist. Nimm den Topf vom Herd und schlage jedes Ei 30 Sekunden lang mit einem Schneebesen unter die Mischung.
3. Siebe dann das Mehl über die Schokoladenmischung und rühre es ebenfalls gut unter. Als Letztes gibst du die Nüsse dazu.
4. Gieße den Teig in die Form, streiche ihn glatt und backe die Brownies auf der mittleren Schiene etwa 25–30 Minuten. Kontrolliere nach 25 Minuten mit einem Holzspieß, ob die Brownies am Rand schon fertig sind. In der Mitte dürfen sie ruhig noch etwas weich sein, dann werden sie schön saftig.
5. Hol die Brownies aus dem Ofen, beträufle sie mit dem Whiskey und lass sie dann komplett abkühlen. Du kannst den Whiskey auch in eine Spritze ohne Nadel füllen (die gibt's in der Apotheke) und die Brownies damit „impfen"; so verteilst du den Whiskey noch gleichmäßiger. Wenn die Brownies vollständig ausgekühlt sind, hebst du sie einfach samt dem Backpapier aus der Form und schneidest sie in die gewünschte Größe.

White-Russian-Cupcakes
mit Kahlúa-Frosting

Für mich gilt beim gepflegten Cocktailgenuss vor allem eines: Der Cocktail muss frisch, herb und am besten noch etwas sauer schmecken. Sahnige Cocktails sind eigentlich absolut nicht mein Fall – mit einer Ausnahme: dem White Russian. Seine Aromen finde ich einfach unbeschreiblich. Darum musste ich ihm hier ebenfalls ein Rezept widmen.

Zutaten

Für 12 Cupcakes (1 Muffinblech)

200 g Mehl

1 ½ TL Backpulver

¼ TL Salz

130 g weiche Butter

165 g Zucker

1 Ei (L) + 1 Eiweiß (L)

1 TL Vanilleextrakt

30 ml Wodka

60 ml Kahlúa (oder ein anderer Kaffeelikör)

125 ml Milch

Für das Frosting

115 g weiche Butter

1 Prise Salz

300 g Puderzucker, gesiebt

4 EL Kahlúa (oder ein anderer Kaffeelikör)

12 Kaffeebohnen

Kaffeepulver

Außerdem

12 Papierförmchen

Zubereitung

1. Zuerst werden die Cupcakes gebacken: Setze dazu 12 Papierförmchen in ein Muffinblech und heize den Backofen auf 180 Grad vor. Mische Mehl, Backpulver und Salz in einer großen Schüssel.
2. Gib die weiche Butter und den Zucker in die Schüssel einer Küchenmaschine und lass diese auf mittlerer Stufe rühren, bis sich Zucker und Butter gut verbunden haben. Gib nun das Ei und das Eiweiß dazu und verrühre es kurz mit dem Teig.
3. Füge Vanilleextrakt, Wodka und die Hälfte des Kahlúa hinzu und lass den Aufsatz der Küchenmaschine nochmals ein paar Runden im Teig drehen. Schalte die Küchenmaschine auf die niedrigste Stufe und gib abwechselnd das Mehl und die Milch zum Teig: Beginne mit einem Drittel des Mehls, füge als Nächstes zuerst die Hälfte der Milch dazu, dann das zweite Drittel Mehl, die restliche Milch und zum Schluss das letzte Drittel des Mehls.
4. Löffle den Teig in die Förmchen, sodass diese etwa zu zwei Drittel gefüllt sind, und backe die Cupcakes für 17–20 Minuten im vorgeheizten Ofen. Sie sind fertig, wenn sie goldgelb sind – mach am besten einen Stäbchentest. Hole sie aus dem Ofen und bestreiche die noch heißen Küchlein mit dem restlichen Kahlúa. Lass sie in der Form vollständig abkühlen.
5. Wenn die Cupcakes fast komplett erkaltet sind, kannst du das Frosting zubereiten: Gib die weiche Butter mit dem Salz in die Schüssel der Küchenmaschine und schlage beides auf der höchsten Stufe etwa 3–5 Minuten cremig auf.
6. Füge dann den Puderzucker in drei Teilen dazu und lass die Maschine immer so lange rühren, bis sich alles gut verbunden hat. Gib zum Schluss löffelweise den Kahlúa dazu und rühre so lange, bis das Frosting die gewünschte Konsistenz erreicht hat. Fülle das Frosting in einen Spritzbeutel mit Sterntülle und sprühe es kreisförmig auf die Cupcakes.
7. Verziere das Frosting mit Kaffeebohnen und etwas Kaffeepulver.

Kleiner Tipp

Granatapfelkerne bekommst du am besten heraus, indem du den Granatapfel halbierst, mit der Schnittfläche über eine Schüssel hältst und mit einem Esslöffel auf die Oberseite der Frucht klopfst. Aber Achtung: Granatapfelsaft hinterlässt unschöne Flecken – auch an Wänden ;)

Tequila-Sunrise-Gugelhupf
mit Orangensirup

Wenn ich Tequila Sunrise trinke, kommt bei mir Urlaubsstimmung auf. Weil der Cocktail den perfekten Sonnenaufgang imitiert, träumt man wohl automatisch von Sommer, Sonne und Strand. Bei meinem Tequila-Sunrise-Gugelhupf ist das übrigens nicht anders ...

Zutaten

Für 1 Gugelhupfform (30 cm Ø)

170 g weiche Butter

200 g Zucker

abgeriebene Schale von 1 Bio-Orange

3 Eier ▪ 180 g saure Sahne

360 g Mehl ▪ ½ TL Salz

2 TL Backpulver

½ TL Natron

80 ml frisch gepresster Orangensaft

2 EL Grand Marnier (oder ein anderer Orangenlikör)

2 EL Tequila

60 ml Granatapfelsaft

rote Speisefarbe

Für Glasur & Deko

80 ml frisch gepresster Orangensaft

110 g Zucker

2 EL Grand Marnier (oder ein anderer Orangenlikör)

30 g Puderzucker

1 Granatapfel

Außerdem

Butter und Mehl für die Form

Zubereitung

1. Heize deinen Backofen auf 180 Grad vor. Fette die Gugelhupfform mit etwas Butter ein und streu sie mit Mehl aus.
2. Schlage die Butter zusammen mit dem Zucker und der Orangenschale in einer großen Schüssel 3–5 Minuten schaumig auf. Gib dann jedes Ei einzeln dazu und rühre es je 30 Sekunden unter den Teig. Füge die saure Sahne hinzu und rühre sie ebenfalls gut unter.
3. Mische in einer separaten Schüssel Mehl, Salz, Backpulver und Natron. Gib zuerst ein Drittel der Mehlmischung zum Eischaum, dann nacheinander die Hälfte des Orangensafts, das zweite Drittel der Mehlmischung, den Rest O-Saft und den Rest der Mehlmischung. Verrühre alles gut. Gieße den Grand Marnier und den Tequila mit dazu und rühre das Ganze zu einem glatten Teig. Fülle die Hälfte davon in die Backform.
4. Vermische die andere Hälfte des Teigs mit dem Granatapfelsaft und gib so viel rote Speisefarbe dazu, bis die gewünschte Intensität erreicht ist. Gib den roten Teig auf den hellen Teig und hebe ihn vorsichtig mit einer Gabel spiralförmig unter.
5. Backe den Kuchen im vorgeheizten Backofen auf der mittleren Schiene etwa 40–50 Minuten; am besten mach dazu einen Stäbchentest. Wenn der Kuchen fertig ist, hol ihn aus dem Ofen und lass ihn 10 Minuten in der Form auskühlen. Stürze ihn dann auf ein Kuchengitter und lass ihn ganz abkühlen.
6. Gib für die Glasur den Orangensaft zusammen mit dem Zucker in einen kleinen Topf und erhitze beides so lange, bis sich der Zucker aufgelöst hat. Nimm den Topf von der Platte und rühre Grand Marnier und Puderzucker mit einem Schneebesen ein. Verteile die Glasur mit einem Esslöffel auf dem kompletten Gugelhupf und verziere diesen mit den Kernen des Granatapfels.

Eierlikör-Cookies

mit cremigem Frosting

Ich weiß nicht, warum alle denken, Eierlikör schmecke nur den Großeltern. Was ich allerdings weiß, ist, dass man damit diese leckeren Cookies backen kann. Und mit etwas Muskat verfeinert, entfaltet der Eierlikör in diesen kleinen Köstlichkeiten ein einzigartiges Aroma. Das wird allen schmecken – ganz besonders Omma und Oppa!

Zutaten

Für ca. 20 Cookies (2 Backbleche)

360 g Mehl

¼ TL Salz

1 TL Backpulver

¾ TL Zimt

1 Msp. frisch geriebene Muskatnuss

170 g weiche Butter

225 g Zucker

2 Eigelb

1 TL Vanilleextrakt

125 ml Eierlikör

Für das Eierlikör-Frosting

55 g weiche Butter

80 ml Eierlikör

400 g Puderzucker

Muskatnuss

Zubereitung

1. Heize den Ofen auf 150 Grad vor und lege zwei Backbleche mit Backpapier aus.
2. Mische in einer großen Schüssel Mehl, Salz, Backpulver, Zimt und Muskatnuss und stelle die Schüssel beiseite.
3. Gib die Butter und den Zucker in die Schüssel der Küchenmaschine und schlage beide Zutaten mit dem Rührbesenaufsatz bei mittlerer Geschwindigkeit etwa 2 Minuten cremig auf.
4. Füge die Eigelbe und das Vanilleextrakt hinzu und verrühre nochmals alles gut, etwa 30 Sekunden.
5. Lass die Küchenmaschine weiterrühren und gieße den Eierlikör zum Teig. Etwa 30 Sekunden Rühren genügt, damit sich dieser mit dem Teig verbindet.
6. Schalte die Maschine auf niedrige Stufe herunter und rühre die Mehlmischung dazu, bis sich dieses mit den flüssigen Komponenten verbunden hat.
7. Nimm nun 1 leicht gehäuften EL Teig, forme ihn zwischen den Handflächen zu einer Kugel, setze diese auf das Backpapier und drücke die Kugel etwas flach. Mach das, bis der ganze Teig aufgebraucht ist. Lass aber zwischen den einzelnen Cookies etwa 3–4 cm Platz, da diese beim Backen noch etwas aufgehen.
8. Schiebe beide Bleche in den Ofen – eines auf der untersten Schiene, das andere auf der zweiten Schiene von unten – und backe die Cookies 20 Minuten lang. Nach 10 Minuten solltest du die Bleche tauschen, also das untere Blech eine Schiene nach oben versetzen und das obere Blech eine Schiene nach unten. Achte darauf, dass die Cookies nicht zu braun werden.
9. Hole sie aus dem Ofen und lass sie komplett abkühlen. Sind sie komplett ausgekühlt, kannst du das Frosting zubereiten: Schlage die Butter in einer großen Schüssel cremig auf und gib dann den Eierlikör dazu. Siebe nun nach und nach den Puderzucker darauf und verrühre alles gut. Verteile die Creme auf den Cookies und reibe etwas Muskatnuss darüber.

Kleiner Tipp

Die Kekse kannst du statt im Mixer auch mithilfe eines Nudelholzes zerkleinern. Füll die Kekse dafür in einen Gefrierbeutel und rolle das Nudelholz vorsichtig darüber.

Margarita-Cheesecake
mit Tequila und Limetten

Dieser Margarita-Cheesecake ist tatsächlich der erste alkoholische Cheesecake, den ich jemals gebacken habe! Warum ich erst jetzt auf diese Idee gekommen bin? Weiß ich nicht. Denn er ist einfach unglaublich erfrischend und steht seinem flüssigen Vorbild in nichts nach. Bereite ihn am Vortag zu, damit er über Nacht auskühlen kann.

Zutaten

Für 1 Springform (20 cm Ø)

Für den Keksboden

130 g Butterkekse

55 g Zucker

50 g zerlassene Butter

Für die Füllung

220 g zimmerwarmer Frischkäse

300 ml saure Sahne

165 g Zucker

3 ½ EL Grand Marnier (oder ein anderer Orangenlikör)

3 ½ EL Tequila

3 ½ EL frisch gepresster Limettensaft

3 Eier (L)

Für das Topping

180 ml saure Sahne

2 EL frisch gepresster Limettensaft

2 TL abgeriebene Limettenschale

1 EL Zucker

Außerdem

Butter für die Form

Zubereitung

1. Heize deinen Backofen auf 180 Grad vor und streiche die Springform dünn mit Butter ein.
2. Zerbrösele die Kekse fein in einem Mixer und vermische sie mit dem Zucker und der flüssigen Butter; die Kekskrümel sollten sich mit Butter vollsaugen. Verteile diese Masse als Boden gleichmäßig in der Backform und drücke sie mit einem Löffel fest. Stelle dann die Form in den Kühlschrank.
3. Schlage inzwischen den Frischkäse in einer großen Schüssel schön luftig auf. Gib saure Sahne, Zucker, Grand Marnier, Tequila und den Limettensaft dazu und vermische alles gut. Dann noch die Eier einrühren, und fertig ist die Füllung. (Rühr aber nicht zu lange – es sollte einfach alles gut vermischt sein.)
4. Hole die Springform aus dem Kühlschrank und gieße die Füllung vorsichtig über den Keksboden. Stelle die Form auf den Rost im Ofen und backe den Kuchen etwa 50 Minuten im vorgeheizten Ofen. Sollte er zu braun werden, reduziere die Temperatur um 20 Grad. Der Kuchen ist fertig, wenn er am Rand fest ist, aber in der Mitte noch etwas wackelt, sobald du etwas an der Form rüttelst. Nimm dann den Kuchen aus dem Ofen und stelle ihn auf ein Kuchengitter. Schalte den Ofen aus und schließe die Ofentür; die Resthitze wird gleich noch benötigt.
5. Mische nun alle Zutaten für das Topping in einer kleinen Schüssel und rühre ein paarmal langsam mit einem Schneebesen durch die Masse, bis sich alles gut vermischt hat. Verteile diese Glasur mit einem Esslöffel auf dem heißen Kuchen und verstreiche sie gleichmäßig.
6. Stelle den Kuchen zurück in den heißen Ofen und lass ihn etwa 30 Minuten bei geschlossener Ofentür drin. Nimm ihn dann heraus und lass ihn auf dem Kuchengitter etwa 1 Stunde abkühlen. Anschließend kommt er in den Kühlschrank – am besten über Nacht.
7. Löse am nächsten Tag den Springformrand; dazu fährst du einfach mit einem heißen Messer zwischen Kuchen und Rand entlang. Serviere den Kuchen pur oder mit braunem Zucker bestreut.

Rotweinkuchen im Glas

Kuchen im Glas kommen nicht nur auf Partys sehr gut an, sondern sind auch ausgesprochen praktisch. Man(n) kann sie gut vorbereiten und hat so immer kleine Desserts parat. Ich habe mich hier für einen Rotweinkuchen im Glas entschieden. Das Rezept gehört zwar eigentlich zu den Klassikern, aber hier bei den alkoholischen Kuchen sind die Gläschen doch bestens aufgehoben.

Zutaten

Für 6 Gläser (á 125 ml Inhalt)

130 g Mehl

1 gehäufter TL Backpulver

1 Prise Salz

½ TL Zimt

10 g Kakaopulver

2 Eier

70 g Zucker

70 g weiche Butter + Butter für die Gläser

1 Päckchen Vanillezucker

75 ml Rotwein

50 g gehackte Zartbitterschokolade

Außerdem

Semmelbrösel für die Gläser

6 sterile Einmachgläser (125 ml Inhalt) mit Dichtungsring und Glasdeckel

Zubereitung

1. Heize den Backofen auf 170 Grad vor, streiche die Einmachgläser zu zwei Dritteln dünn mit Butter aus und bestreue sie mit Semmelbröseln. Achte darauf, dass der obere Rand der Gläser fettfrei und sauber bleibt.
2. Mische Mehl, Backpulver, Salz, Zimt und Kakao in einer Schüssel und stelle sie beiseite.
3. Trenne dann die Eier, schlage das Eiweiß mit den Rührbesen des Handrührgeräts zu Eischnee und stell diesen ebenfalls zur Seite.
4. Schlage die Eigelbe mit Zucker und Butter schaumig auf und lass dabei den Vanillezucker mit einrieseln. Rühre etwa 3–4 Minuten, bis sich ein dicklicher Eischaum gebildet hat.
5. Gib dann den Rotwein und die gehackte Schokolade dazu und rühre beides kurz unter. Siebe nun die Mehlmischung über die Eimasse und gib oben drauf die Hälfte des Eischnees. Vermische das alles vorsichtig mit einem Holzkochlöffel. Wenn sich alles verbunden hat, kannst du auch noch den restlichen Eischnee vorsichtig unterheben.
6. Verteile den Teig gleichmäßig auf die sechs Gläser. Die Gläser sollten nur bis zur Hälfte gefüllt sein. Stell die Gläser auf ein Backblech, lege die Glasdeckel ebenfalls mit aufs Blech und backe die Rotweinkuchen im vorgeheizten Ofen etwa 30 Minuten. Lege währenddessen die Dichtungsringe in heißes Wasser ein. Kurz bevor du die Kuchen aus dem Ofen nimmst, lege die Dichtungsringe auf ein Küchentuch.
7. Hol jetzt die Kuchen aus dem Ofen (Achtung, die Gläser sind extrem heiß!), lege vorsichtig die Dichtungsringe auf die Ränder und verschließe die Gläser mit den heißen Glasdeckeln (die du auch auf jeden Fall nur mit Backhandschuhen anfassen solltest!).

So verschlossen, kühl und dunkel gelagert, bleiben die Kuchen etwa 2–3 Monate frisch, und du hast immer einen Kuchen zur Hand, wenn Gäste kommen.

Kleiner Tipp

Sollte dir der Teig etwas zu dick vorkommen, dann gib einfach ein paar EL frisch gepressten Orangensaft mit dazu. Der Teig sollte etwa die Konsistenz von Pudding haben.

Mai-Tai-Muffins

mit kandierter Ananas

Der Mai Tai ist einer der stärksten Cocktails, und an ihm merkt man ganz schnell, ob man sich in einer guten oder einer schlechten Bar befindet: In der schlechten schmeckt er nur nach Alkohol, in der guten kommen auch seine Orangen- und Mandelaromen zur Geltung. Mit meinen Muffins ist es ähnlich – ob man davon ebenfalls nen Schwips bekommt?

Zutaten

Für 12 Muffins (1 Muffinblech)

200 g Mehl

1 ½ TL Backpulver

125 g weiche Butter

125 g Zucker

3 Eier

50 g gemahlene Mandeln

2 Bio-Orangen

2 EL gehackte, kandierte Ananas

1 EL Mandelsirup (z. B. Monin)

4 EL Rum

100 g Mandelstifte

Orangenmarmelade

Außerdem

12 Papierförmchen

Zubereitung

1. Heize erst mal den Ofen auf 180 Grad vor und setze 12 Papierförmchen in die Mulden eines Muffinblechs. Mische in einer kleinen Schüssel Mehl und Backpulver.
2. Schlage die Butter und den Zucker in einer großen Schüssel schaumig auf. Rühre dann jedes Ei einzeln etwa 30 Sekunden unter die Buttermasse.
3. Siebe das Mehl über den Teig, gib die gemahlenen Mandeln dazu und rühre beides auf niedriger Stufe unter.
4. Raspie die Schale von 1 Orange vorsichtig dünn ab und hacke sie fein. (Achte darauf, dass das weiße Fruchtfleisch nicht mit abgeschnitten wird, sonst wird's zu bitter!) Gib dann die Orangenschale mit den kandierten Ananasstückchen, dem Mandelsirup und dem Rum zum Teig und rühre alles gut unter.
5. Fülle den Teig in die Muffinförmchen – allerdings nur zu zwei Dritteln! Verteile die Mandelstifte auf den Küchlein und backe sie im vorgeheizten Ofen 20–25 Minuten oder bis sie schön goldgelb sind. Wenn du nicht sicher bist, ob der Teig schon durch ist, dann mach einfach einen Stäbchentest.
6. Hol die Muffins aus dem Ofen und lass sie im Blech vollständig abkühlen. Gib dann jeweils einen Klecks Orangenmarmelade auf die Muffins, reibe die Schale der zweiten Orange ab und verziere damit die kleinen Köstlichkeiten.

Süßes & Deftiges vom Grill

Kleiner Tipp

Du kannst den Pie auch mit Birnen, Pfirsichen oder Beeren füllen. Wenn die Früchte besonders saftig sind, mischst du einfach noch 1 EL Speisestärke darunter.

Apple Pie vom Grill

mit Zimt und Muskat

Dieser gedeckte Apfelkuchen vom Grill schmeckt nicht nur mir fantastisch: Außen ist er knusprig und innen drin schön saftig – damit bekommst du wirklich auch noch den letzten Skeptiker rum, der findet, dass auf den Grill nur Fleisch gehört! Besonders gut eignen sich feste, leicht säuerliche Äpfel, wie zum Beispiel Elstar oder Boskoop.

Zutaten

Für 1 Pieform (24 cm Ø)

380 g Mehl

1 TL Salz

4 EL Zucker

230 g sehr kalte Butter, in Stücken

8 EL Eiswasser

Für die Füllung

8 kleine Äpfel

220 g Zucker + 2 EL zum Bestreuen des Kuchens

1 EL Mehl

1 Msp. Salz

2 TL Zitronensaft

1 EL Zimt

1 Msp. frisch geriebene Muskatnuss

1 EL Butter

Außerdem

Butter für die Form

1 Kugelgrill

1 Pizzastein

Zubereitung

1. Mische Mehl, Salz und Zucker in einer großen Schüssel. Gib die eiskalten Butterwürfel mit dazu und verknete alles zügig mit den Fingern zu einem krümeligen Teig. (Du kannst die Hände vorher unter kaltes Wasser halten, dann schmilzt die Butter beim Kneten nicht so schnell.) Gib das Eiswasser dazu und knete weiter, bis ein geschmeidiger Teig entstanden ist. Forme zwei Kugeln daraus, wickle jede einzeln in Frischhaltefolie und leg beide 1 Stunde in den Kühlschrank.
2. Bereite den Grill für indirektes Grillen vor (siehe Seite 20); 180 Grad Temperatur sollte er haben. Lege den Pizzastein auf den Rost.
3. Schäle, entkerne und achtle die Äpfel. Gib sie in eine große Schüssel und vermenge sie mit 220 g Zucker, Mehl und Salz, bis alle Äpfel gut bedeckt sind. Träufle dann noch den Zitronensaft darüber.
4. Streiche die Pieform dünn mit Butter aus. Rolle eine der beiden Teigkugeln auf einer leicht bemehlten Arbeitsfläche zu einem Kreis aus, der etwa 5 cm größer ist als der Durchmesser der Form, und lege den Teig in die Form. Drück ihn an den Rändern schön an.
5. Gib dann die Äpfel auf den Teig und bestreue sie gleichmäßig mit Zimt und Muskat. Nimm 1 EL Butter und schneide die Butter in kleine Flocken. Verteile diese ebenfalls auf den Äpfeln.
6. Rolle nun die zweite Teigkugel aus und lege sie als „Deckel" auf den Apfelkuchen. Drück die Ränder zusammen und schneide den Teigdeckel mehrmals vorsichtig ein, damit beim Grillen die Luft entweichen kann. Bestreue den Pie noch mit Zucker.
7. Stelle den Kuchen auf den Pizzastein, schließe den Deckel des Grills und backe den Pie etwa 40–45 Minuten, bis er goldgelb ist und die Füllung Bläschen wirft.
8. Nimm ihn heraus und lass ihn etwas abkühlen. Serviere ihn entweder sofort oder erst, nachdem er ganz ausgekühlt ist.

Dazu schmecken übrigens Vanilleeis und Sahne klasse.

S'mores-Pizza
mit Schokoladencreme

Als ich vor vielen Jahren in Amerika war, durfte ich zum ersten Mal S'mores probieren. Diese traditionelle Süßspeise ist nichts anderes als geröstete Marshmallows, die zusammen mit einem Stück Schokolade zwischen zwei Graham Crackers (oder andere Vollkornkekse) gepackt werden. Ich habe eine leckere Grillvariante daraus gemacht.

Zutaten

Für 8 Stück

100 ml warme Milch

100 ml warmes Wasser

1 TL Zucker

25 g frische Hefe

300 g Mehl

½ TL Salz

7 EL Olivenöl

1 Glas (250 g) Nuss-Nugat-Aufstrich

16 Butterkekse

150 g Vollmilchschokolade, grob gehackt

1 Packung (150 g) Mini-Marshmallows

Außerdem

1 Kugelgrill

1 Pizzastein

Zubereitung

1. Bereite den Grill auf indirektes Grillen vor (siehe Seite 20) und heize ihn auf etwa 150 Grad auf. Lege den Pizzastein auf die Seite ohne Kohle. Schließe den Deckel.
2. Vermische Milch, Wasser und Zucker und bröckle die frische Hefe hinein. Verrühre alles mit einem Löffel und lass es etwa 5 Minuten quellen.
3. Gib das Mehl in eine große Schüssel, drücke mit einem Löffel eine Mulde in die Mitte und gieße die Hefemischung hinein. Gib noch Salz und Olivenöl dazu und verknete alles mit dem Knethaken der Küchenmaschine zu einem glatten Hefeteig. Wenn er sich vom Rand der Schüssel löst, ist er perfekt.
4. Teile den Teig in acht Stücke, forme Kugeln daraus und rolle alle auf einer leicht bemehlten Arbeitsfläche zu runden Talern aus.
5. Bestreiche jeden Teigkreis mit je 2–3 EL Nuss-Nugat-Aufstrich, brösle 2 Butterkekse darüber, gib 1 EL Schokostücke obendrauf und toppe das Ganze mit leckeren Marshmallows: je mehr, umso besser.
6. Leg dann 2–3 S'mores-Taler direkt auf den Pizzastein und backe sie etwa 10 Minuten bei geschlossenem Deckel – oder eben so lange, bis die Marshmallows schön gebräunt sind. Nimm sie dann mit einem Holzspatel vom Pizzastein, lege sie beiseite und back die nächsten. Am besten schmecken die S'mores natürlich frisch und warm, aber kalt sind sie ebenfalls ein Genuss.

Kleiner Tipp

Die Hefekuchen vom Grill schmecken auch mit einem Belag aus Äpfeln, Haselnüssen, getrockneten Aprikosen und Waldhonig.

Cranberry-Birnen-Hefekuchen mit Mandelstiften

So ein Pizzastein für den Grill ist schon eine tolle Erfindung: Man kann nicht nur Pizza darauf zubereiten, sondern auch Obstkuchen und anderes Gebäck. In unserem Fall sind es kleine Hefekuchen mit saftigen Birnen und herben Cranberrys – und zwar schöne kleine Portionen, damit auch jeder Gast was abbekommt.

Zutaten

Für 6 Fladen

Zutaten für 1 Grundrezept „Süßer Hefeteig" von Seite 24

150 g Crème fraîche

1 TL Zimt

300 g Birnen

100 g getrocknete Cranberrys

100 g gestiftelte Mandeln

3 EL Agavendicksaft

Außerdem

1 Kugelgrill

1 Pizzastein

Zubereitung

1. Befülle eine Hälfte deines Grills mit Holzkohle und bereite ihn fürs indirekte Grillen vor (siehe Seite 20). Er sollte 180 Grad heiß sein. Lege den Pizzastein auf die indirekte Rostseite.
2. Bereite den süßen Hefeteig von Seite 24 zu und forme daraus sofort 5–6 Fladen. Der Teig muss diesmal nicht gehen. Vermische die Crème fraîche mit dem Zimt und bestreiche damit die Hefeteigstücke.
3. Wasche und schäle die Birnen und schneide sie in Viertel. Entferne das Kerngehäuse und schneide die Birnenviertel in schmale Scheiben. Belege die Teigstücke gleichmäßig damit.
4. Mische in einer kleinen Schüssel die Cranberrys mit den Mandelstiften und dem Agavendicksaft und verteile diese Mischung auf den Birnen.
5. Backe die Hefeteigkuchen nacheinander direkt auf dem Pizzastein 15–20 Minuten bei indirekter Hitze und geschlossenem Deckel im Grill. Nimm sie heraus und lasse sie entweder auf einem Kuchengitter abkühlen oder serviere sie noch warm.

Studentenfutter-Muffins mit Joghurt

Kennst du das auch: Du hast Kumpels, die dem Fitnesswahn verfallen sind und kein Stück Torte essen? Die jede Kalorie zählen? Kredenze ihnen doch mal diese Muffins – die enthalten nämlich wertvolle Nüsse und sind fast schon zuckerarm. Da gibt es eigentlich keine Ausrede mehr. 'nen Versuch ist es doch wert, oder?

Zutaten

Für 12 Muffins (1 Muffinform)

200 g Studentenfutter

250 g Mehl

1 Msp. Natron

1 Päckchen Backpulver

2 Eier

125 g Zucker

150 g Naturjoghurt

75 ml neutrales Pflanzenöl

100 ml Milch

Außerdem

Butter für die Form

1 Kugelgrill

1 Pizzastein

Zubereitung

1. Heize deinen Grill auf 180 Grad hoch und bereite ihn für indirektes Grillen vor (siehe Seite 20). Fette die Mulden einer Muffinform mit Butter ein.
2. Hacke 150 g Studentenfutter und gib es in eine kleine Schüssel – oder lass es auf dem Brett liegen, auf dem du es hackst; dann musst du später weniger abspülen.
3. Mische das Mehl in einer Schüssel mit dem Natron und dem Backpulver und stelle es beiseite.
4. Schlage die Eier in einer großen Schüssel schaumig auf. Gib dann Zucker, Joghurt, Öl und Milch dazu und verrühre alles gut. Siebe nun die Mehlmischung über den Teig und rühre sie vorsichtig unter – nicht zu lange, der Teig muss nicht völlig glatt gerührt sein; es dürfen ruhig noch ein paar Mehlklümpchen zu sehen sein.
5. Rühre das gehackte Studentenfutter unter den Teig. Wenn dann alles gut durchgemischt ist, schnappst du dir einen Eisportionierer oder einen Esslöffel und verteilst den Teig gleichmäßig auf die Mulden des Muffinblechs. Bestreue dann die Teigportionen mit dem restlichen Studentenfutter.
6. Stell das Muffinblech auf den Pizzastein, schließe den Deckel des Grills und backe die Muffins 20 Minuten. Kontrolliere nach etwa 10 Minuten, wie die Muffins aussehen, und drehe das Muffinblech um 180 Grad. Sie sind fertig, wenn sie schön goldgelb aussehen. Auch beim Grillen schadet ein Stäbchentest nicht.
7. Nimm sie dann vom Grill und lass sie in der Form vollständig abkühlen oder serviere sie noch lauwarm.

Kleiner Tipp

Diese Galette lässt sich wunderbar variieren. Statt der Mango etwa kannst du 2 Pfirsiche oder Nektarinen verwenden. Oder zur Abwechslung Himbeeren statt Blaubeeren? Probier es aus und finde deine Lieblingskombination heraus.

Mango-Blaubeer-Galette
mit Vollkornmehl

Wenn ich mich spontan entscheiden müsste, welches der zehn Grillrezepte mein liebstes ist, dann wäre es dieses. Ein knackiger Vollkornteig, gepaart mit einer unglaublich saftigen, fruchtigen Füllung – nicht nur für die Geschmacksknospen, sondern auch für die Augen ein Genuss! Aus gutem Grund gehört das Foto ebenfalls zu meinen Favoriten aus dem Buch.

Zutaten

Für 1 Galette
(1 rundes Blech, 28 cm Ø)

115 g kalte Butter

190 g Vollkornmehl

½ TL Salz

2 EL Zucker

6 EL Eiswasser

Für die Füllung

1 Mango

1 Schale Blaubeeren (125 g)

2 EL Zucker

2 EL Mehl

Außerdem

1 Kugelgrill

1 Pizzastein

Zubereitung

1. Schneide die Butter in kleine Würfel, gib diese auf einen Teller und stelle ihn ins Gefrierfach. Bereite den Grill vor, wie auf Seite 20 beschrieben; er sollte 200 Grad heiß sein.
2. Mische Mehl, Salz und Zucker in einer großen Schüssel. Gib die eiskalten Butterwürfel dazu und verknete alles rasch mit den Händen zu einem krümeligen Teig. (Knete nicht zu lange, sonst wird die Butter zu weich.)
3. Gib nun das Eiswasser dazu und knete den Teig so lange, bis das Wasser eingearbeitet ist. Forme eine Kugel daraus, rolle den Teig auf einer bemehlten Arbeitsfläche kreisförmig auf etwa 30 cm aus und lege ihn auf ein Stück Backpapier.
4. Schäle die Mango und schneide sie in dünne Streifen. Wasche die Blaubeeren und gib sie zur Mango. (Du musst die Beeren nicht in einem Sieb abtropfen lassen.)
5. Gib den Zucker und das Mehl dazu, vermische alles und schütte diese Fruchtmischung in die Mitte des Teigkreises. Klappe dann die Ränder des Teigs hoch, damit die Füllung nicht herauslaufen kann.
6. Lege die Galette mit dem Backpapier auf ein rundes Blech (beispielsweise den Boden einer Springform), lege es auf den Pizzastein und schließe den Deckel des Grills. Backe die Galette 25–30 Minuten.

Hefeschnecken
mit Speck und Röstzwiebeln

Diese kleinen deftigen Hefeschnecken sind das perfekte Partyfood. Den Teig kannst du schon 1 Stunde vor der Party zubereiten – dann brauchst du ihn im letzten Moment einfach nur noch nach Lust und Laune zu füllen. Frisch vom Grill sind die Teilchen am besten, aber sie schmecken auch kalt ausgezeichnet.

Zutaten

Für 12–16 Stück (2 kleine Backbleche)

Zutaten für 1 Grundrezept „Salziger Hefeteig“ von Seite 24

400 g Speckwürfel, sehr fein gewürfelt

250 g Zwiebeln

1 Eiweiß

Außerdem

Mehl für die Arbeitsfläche

1 Kugelgrill

1 Pizzastein

Zubereitung

1. Bereite den salzigen Hefeteig von Seite 24 zu. Lass ihn 1 Stunde gehen.
2. Brate die Speckwürfel in einer beschichteten Pfanne ohne Fett richtig knusprig an. (Sie enthalten selbst genug Fett, das sie beim Anbraten verlieren. So brennen sie nicht an.) Wenn sie schön dunkelbraun sind, gibst du sie auf einen kleinen Teller, den du vorher mit etwas Küchenpapier belegt hast. Lass das restliche Fett in der Pfanne.
3. Schäle die Zwiebeln und hacke sie ganz fein. Röste sie dann bei mittlerer Hitze im restlichen Fett an. Wenn sie eine goldgelbe Farbe haben, schüttest du sie zum Abkühlen in eine kleine Schüssel.
4. Rolle den Hefeteig auf einer leicht bemehlten Arbeitsfläche zu einem Rechteck von 30 x 40 cm aus. Bestreiche die Fläche mit dem Eiweiß. Mische den Speck mit den Zwiebeln und verteile alles ebenfalls auf dem Teig. Lass an der langen Seite etwa 3 cm Rand frei, damit die Füllung beim Einrollen nicht herausquillt.
5. Rolle nun den Teig von der langen Seite her eng auf. Schneide die so entstandene Rolle in 2,5 cm breite Stücke. Verteile die Stücke auf zwei kleine Backbleche, die du vorher mit Backpapier ausgekleidet hast (oder ein normales Backblech – falls du einen so großen Grill hast, dass alle Schnecken auf einmal draufpassen). Lass die Zwiebel-Speck-Schnecken nochmals 30 Minuten gehen.
6. Bereite den Grill für indirektes Grillen vor (siehe Seite 20). Wenn er eine Temperatur von etwa 160 Grad erreicht hat, kannst du das erste Blech auf den Rost legen. Grille die Schnecken etwa 20 Minuten. Kontrolliere zwischendurch, ob sie auf einer Seite zu dunkel werden. Wenn ja, dann drehe das Blech einfach um 180 Grad. Wenn sie fertig sind, nimm sie vom Grill und leg das zweite Blech drauf.

Kleiner Tipp

Du kannst das Zupfbrot natürlich auch mit rotem Pesto oder einer anderen selbst gemachten Kräuterpaste füllen.

Zupfbrot
mit selbst gemachtem Pesto

Statt gekauftem Baguette oder Fladenbrot selbst gemachtes Zupfbrot – ein raffinierter Begleiter auf jeder Grillparty! Dieses gegrillte Brot sieht nicht nur sehr appetitlich aus und schmeckt genial, sondern ist noch dazu ausgesprochen praktisch: Du musst es nicht aufschneiden; jeder reißt sich einfach ein Stück davon ab.

Zutaten

Für 1 Kastenform (24 cm Länge)

Zutaten für 1 Grundrezept „Salziger Hefeteig" von Seite 24

2 EL Pinienkerne

1 Bund Basilikum

50 g Parmesankäse

2 Knoblauchzehen

125 ml Olivenöl

Außerdem

Mehl für die Arbeitsfläche

Butter für die Form

1 Kugelgrill

1 Pizzastein

Zubereitung

1. Bereite den salzigen Hefeteig nach dem Rezept auf Seite 24 zu. Wenn der Teig fertig – also auch schon gegangen – ist, rollst du ihn auf einer leicht bemehlten Arbeitsfläche zu einem Rechteck aus und lässt ihn dann erst mal links liegen.
2. Denn nun kommt das Pesto dran: Röste dazu die Pinienkerne in einer Pfanne ohne Fett an. Lass sie aber nicht anbrennen (Vorsicht, das kann plötzlich ganz schnell gehen!), sonst werden sie bitter; eine schöne hellbraune Farbe genügt. Gib sie dann sofort zum Abkühlen auf einen kleinen Teller.
3. Spüle das Basilikum unter kaltem Wasser ab, tupfe es mit Küchenpapier trocken und zupfe die Blätter ab. Sie wandern schon mal direkt in einen kleinen Mixer.
4. Reibe den Parmesan und schäle die Knoblauchzehen. Gib beides zum Basilikum in den Mixer, ebenso die Pinienkerne und das Olivenöl. Mixe alles zu einem cremigen Pesto.
5. Verstreiche das Pesto komplett auf dem Hefeteig. Schneide den Teig längs genau in der Mitte durch. Hebe dann die eine Teighälfte auf die andere und schneide beide Lagen nochmals der Länge nach mittig durch. Nun hast du zwei Streifen, die jeweils oben drauf und zwischen den Hefeteiglagen mit Pesto bestrichen sind. Teile diese Streifen nun in etwa 10 cm große Stücke.
6. Fette die Kastenform ein und stelle sie hochkant auf die Arbeitplatte. Am besten lehnst du sie an einen schweren Gegenstand oder an die Wand an. Schichte nun die Teigstücke in die Form. Stell dann die Kastenform ganz normal auf die Arbeitsfläche und lass das Ganze nochmals 10 Minuten gehen.
7. Bereite inzwischen den Grill für indirektes Grillen vor (siehe Seite 20). Er sollte etwa 160 Grad heiß sein. Hat er diese Temperatur erreicht, stellst du die Form mit dem Pestobrot auf die Seite des Grillrosts, unter der keine Kohle liegt, und schließt den Deckel. Grille das Brot etwa 30–40 Minuten. Hebe den Deckel erst nach etwa 15 Minuten an und dreh die Form auf dem Rost um 180 Grad. Schau danach ab und zu hinein, ob das Zupfbrot gleichmäßig braun wird. Nimm das fertige Zupfbrot vom Rost und lass es in der Form abkühlen.

Kleiner Tipp

Natürlich kannst du auch anderes Gemüse verwenden. Karotten, Pilze, Pastinaken oder Lauch sind super geeignet.

Muffins vom Grill
mit mediterranem Gemüse

Du hast sicher schon mal Zucchini oder Paprika auf den Grill gelegt, oder? Gemüse entwickelt beim Grillen ja ebenfalls ein wunderbares Aroma. Darum habe ich mir diese kleinen Grillgemüse-Muffins ausgedacht, die mit saftig gegrillten Paprika und Zucchini gefüllt sind. Herrlich!

Zutaten

Für 12 Muffins (1 Muffinblech)

1 Zucchini

1 rote Paprikaschote

1 gelbe Paprikaschote

1 grüne Paprikaschote

4 EL + 100 ml Olivenöl

3 Eier

100 ml Joghurt

180 g Mehl

1 Päckchen Backpulver

100 g Emmentaler

1 TL Salz

1 TL frisch gemahlener Pfeffer

1 EL frisch gehackter Thymian

Außerdem

1 Kugelgrill

Alufolie

Zubereitung

1. Bereite deinen Grill auf indirektes Grillen vor (siehe Seite 20). Er sollte zwischen 160 und 180 Grad heiß sein.
2. Wasche die Zucchini und schneide sie in dünne, etwa 5 cm lange Sticks. Wasche die drei Paprikaschoten, entferne Stiel und Kerne und schneide die Paprikaschoten ebenfalls in dünne Sticks. Gib die Gemüsesticks in eine Schüssel und vermenge sie mit 4 EL Olivenöl.
3. Nimm ein Stück Alufolie und schütte das Gemüse darauf. Klappe nun die Ränder etwas hoch, sodass kein Öl auslaufen kann, und lege die Alufolie mit dem Gemüse auf den Grillrost, direkt über die glühenden Kohlen. (Das indirekte Grillen wird erst im zweiten Schritt benötigt.) Lass das Gemüse schön anrösten, bis es weich und leicht gebräunt ist. Nimm es vom Grill und lass es auf einem Teller abkühlen.
4. Schlag die Eier in eine große Schüssel und verrühre sie mit 100 ml Olivenöl und dem Joghurt. Gib das abgekühlte Gemüse dazu und vermenge alles gut. Nimm nun etwa ein Drittel des Gemüses heraus und stelle es in einer kleinen Schüssel beiseite.
5. Gib zu den restlichen zwei Dritteln Gemüse das Mehl, das Backpulver und den Käse, würze mit Salz, Pfeffer und Thymian und verrühre alles gründlich.
6. Fette die Mulden eines Muffinblechs mit etwas Olivenöl ein und verteile den Muffinteig gleichmäßig darin. Nimm dann das beiseite gestellte Gemüse und verteile es auf dem Teig.
7. Stelle das Muffinblech auf den Grillrost – diesmal auf die Seite, unter der keine Kohlen liegen. Schließe den Deckel und grille die kleinen Leckerbissen etwa 20 Minuten. Dreh nach der Halbzeit das Blech um 180 Grad.
8. Nimm das Muffinblech vom Grill und lass die Gemüseküchlein in der Form etwa 10 Minuten abkühlen. Jetzt kannst du sie servieren.

Kleiner Tipp

Das Reismehl ist die wichtigste Zutat für Shortbread. Das solltest du auf keinen Fall durch anderes Mehl ersetzen. Reismehl gibt's im Bioladen oder im Reformhaus und auch ab und zu im gut sortierten Supermarkt.

Herzhaftes Shortbread
mit frischem Rosmarin

Shortbread ist ein beliebtes schottisches Mürbteiggebäck, das klassischerweise süß schmeckt. Hier habe ich eine herzhafte Variante vom Grill entwickelt, die du auch mal abends zu einem schönen Glas Wein oder Bier servieren kannst, wenn sich kurzfristig Gäste angesagt haben oder deine Kumpels zum Fußballschauen kommen.

Zutaten

Für ca. 20 Stück (1 kleines Cookieblech)

200 g weiche Butter

100 g feiner Zucker

100 g Reismehl

200 g Weizenmehl

1 Prise Salz

Nadeln von 2 Zweigen Rosmarin, frisch gehackt

Außerdem

1 Kugelgrill

1 Pizzastein

Zubereitung

1. Heize den Grill auf 150 Grad auf und lege den Pizzastein auf den Rost. Lege Backpapier auf das Cookieblech.
2. Schlage die Butter und den Zucker mit den Rührbesen des Handrührgeräts cremig auf. Gib beide Mehlsorten, das Salz, und den gehackten Rosmarin zur Buttermasse, verrühre alles kurz und knete dann den Teig mit den Händen, bis alles schön vermischt ist. (Keine Angst: Wenn du zu diesem Zeitpunkt denkst, der Teig wäre zu trocken, dann ist er genau richtig.)
3. Nimm die Hälfte des Teigs und forme ein Rechteck daraus. Es sollte etwa 5 cm breit und 2 cm dick sein. Schneide dann jeweils 2 cm dicke Stücke ab und lege sie mit etwas Abstand nebeneinander auf das Backblech. Das Gleiche machst du mit der anderen Teighälfte.
4. Sind alle Teigstücke auf dem Blech, benötigst du eine Gabel. Stich damit alle Kekse mehrmals bis zum Boden ein – das gibt nicht nur ein schönes Muster, sondern verhindert auch, dass sie beim Backen zu sehr aufgehen. Bestreue das Shortbread dann mit braunem Zucker.
5. Lege das Blech auf den Pizzastein, schließe den Deckel wieder und grille die Kekse etwa 12–16 Minuten. Kontrolliere, ob sie braun werden – das sollen sie nämlich nicht! Nimm sie schließlich vom Grill und lass sie vollständig auf dem Blech abkühlen.

Luftdicht verpackt, hält sich dieses Shortbread etwa 1–2 Wochen.

Kleiner Tipp

Dieses Rezept empfehle ich für Grilleinsteiger. Grills unterscheiden sich nämlich noch stärker als Backöfen, was Temperatur und Garzeiten angeht. Darum fang lieber mit Cookies an, bevor du aufwendige Kuchen grillst.

Tomaten-Cookies

mit Pecorino

Wer sagt denn, dass Cookies immer süß sein müssen?
Wenn ihr diese würzigen Leckerbissen einmal probiert habt, wird euch die Lust auf herzhafte Kekse übermannen. Sie schmecken ganz hervorragend zu italienischen Salaten und eignen sich auch ausgezeichnet zum Dippen in selbst gemachte Frischkäsekreationen.

Zutaten

Für 25–30 Stück (1 kleines Cookieblech)

30 g Pinienkerne

160 g Mehl

60 g Speisestärke

115 g sehr weiche Butter

110 g Zucker

60 g getrocknete Tomaten, frisch gehackt

2 EL frisch gehacktes Basilikum

3 EL geriebener Pecorino Romano

Außerdem

1 Kugelgrill

1 Pizzastein

Zubereitung

1. Heize den Grill auf 180 Grad indirektes Grillen vor (siehe Seite 20) und lege einen Pizzastein auf die gegenüberliegende Seite der Grillkohle. Gib die Pinienkerne ohne Öl in eine beschichte Pfanne und röste sie darin an. Pass aber auf, dass sie nicht zu dunkel werden, sonst werden sie bitter! Nimm die Pfanne vom Herd, wenn die Kerne schön goldbraun sind, und schütte die Pinienkerne zum Abkühlen sofort auf einen kleinen Teller.
2. Mische das Mehl in einer großen Schüssel mit der Speisestärke.
3. Vermenge in einer kleineren Schüssel die weiche Butter mit dem Zucker und gib die Masse zur Mehlmischung.
4. Verknete alles mit den Händen, bis es sich gerade so verbunden hat, und gib dann die Tomaten, das Basilikum, die Pinienkerne und den Käse dazu. Knete so lange weiter, bis ein leicht krümeliger Teig entstanden ist.
5. Kleide das Cookieblech mit Backpapier aus. Nimm 1 gehäuften EL Teig und forme ihn mit den Handflächen zu einer Kugel. Lege die Kugel auf das Backpapier und drücke sie flach. Mach das Gleiche mit dem kompletten Teig, bis nichts mehr übrig ist.
6. Lege das Blech auf den Pizzastein und backe die Cookies 20 Minuten im geschlossenen Grill. Hebe den Deckel immer nur kurz an, um sicherzustellen, dass die Cookies nicht zu dunkel werden. Wenn die Cookies am Rand allmählich braun werden, sind sie fertig. (Nimm sie lieber vor Ende der Backzeit heraus, bevor sie verbrennen.) Lass die Cookies etwa 10 Minuten auf dem Blech abkühlen und leg sie dann mithilfe eines Tortenhebers oder einer Palette auf ein Kuchengitter.

Süßes für
die Liebsten

Kleiner Tipp

Noch schöner sehen die Cupcakes aus, wenn du sie mit farblich passenden Zuckerperlen bestreust. Diese gibt's in allen erdenklichen Varianten im Internet oder im gut sortierten Fachhandel.

Champagner-Cupcakes
mit edlem Frosting

Stell dir folgende Situation vor: Du machst jemandem einen Heiratsantrag, und anstatt mit einem Glas Champagner anzustoßen, darf der oder die Auserwählte in einen selbst gemachten Champagner-Cupcake beißen. Das wär doch mal was Neues! Und für ein Gläschen des edlen Getränks ist dann ja immer noch Zeit.

Zutaten

Für 12 Cupcakes (1 Muffinblech)

150 g weiche Butter
300 g Zucker
450 g Mehl
3 TL Backpulver
1 Prise Salz
180 ml Champagner
6 Eiweiß

Für das Frosting

225 g weiche Butter
350 g Puderzucker
½ TL Vanilleextrakt
3 EL Champagner

Außerdem

12 Papierförmchen

Zubereitung

1. Heize deinen Ofen auf 180 Grad vor und setze 12 Papierförmchen in die Mulden eines Muffinblechs.
2. Schlage in einer großen Schüssel die Butter und den Zucker schaumig auf. Mische in einer zweiten Schüssel Mehl, Backpulver und Salz.
3. Stelle den Rührer auf die niedrigste Geschwindigkeit ein und gib unter Rühren die Mehlmischung abwechselnd mit dem Champagner zum Teig.
4. Schlage das Eiweiß mit dem Handrührgerät in einer Schüssel steif. (Vorsicht: An den Rührbesen darf kein Fett mehr sein, sonst gelingt der Eischnee nicht!) Verrühre ein Drittel des Eischnees mit dem Teig und hebe die restlichen zwei Drittel vorsichtig mit einem Schneebesen unter.
5. Backe die Cupcake-Böden auf mittlerer Schiene etwa 20–25 Minuten. Mach einen Stäbchentest und hole die kleinen Leckerbissen aus dem Ofen. Lass sie in der Form komplett abkühlen.
6. Für das Frosting schlägst du die weiche Butter mit dem Puderzucker auf höchster Stufe schaumig auf. Gib dann den Vanilleextrakt und den Champagner dazu und verrühre nochmals alles kurz.
7. Gib das Frosting in einen Spritzbeutel mit großer Sterntülle und spritze es gleichmäßig auf die Cupcakes – jetzt steht dem Antrag nichts mehr im Weg!

Kleiner Tipp

Wenn dir die Sache mit der Alufolie zu kompliziert ist, dann bestell dir am besten eine sogenannte Push Pan – eine Kuchenform, deren Boden absolut dicht schließt und die sich daher perfekt für Cheesecakes eignet.

Cheesecake
mit Erdbeersoße

Hast du dich schon mal gefragt, was einen amerikanischen Cheesecake von einem hiesigen Käsekuchen unterscheidet? Statt Quark wird Frischkäse verwendet und statt eines Mürbteigbodens (den ich immer ganz weglasse), nimmt man meist zerkrümelte Kekse. Mir schmeckt beides, aber der amerikanischen Variante gebe ich eindeutig mehr Punkte. Und du?

Zutaten

Für 1 Springform (26 cm Ø)

230 g Vollkornkekse (z. B. Hobbits)

30 g Zucker

90 ml zerlassene Butter

1 Prise Salz

Für die Füllung

780 g Frischkäse

200 g Zucker

35 g Mehl

120 g saure Sahne

1 TL Vanilleextrakt

2 Eier

Für das Topping

200 g Erdbeeren

50 g Zucker

Außerdem

Butter für die Form

Alufolie

Zubereitung

1. Fette die Springform ein. Gib die Kekse in einen Standmixer und verarbeite sie zu feinen Krümeln. Mische sie in einer kleinen Schüssel mit Zucker und Salz, gib dann die noch heiße Butter dazu. Verrühre alles mit einem Löffel, bis sich die Krümel gleichmäßig mit der Butter vollgesogen haben.
2. Gib die Masse in die Springform, drücke sie als Boden fest (etwa mit der Unterseite eines Löffels) und stelle die Form 15 Minuten in den Kühlschrank.
3. Heize inzwischen den Ofen auf 180 Grad vor. Backe den Keksboden 15 Minuten. Nimm ihn aus dem Ofen und lass ihn vollständig abkühlen.
4. Nun kommt die Füllung dran: Gib dafür den Frischkäse in die Schüssel der Küchenmaschine und schlage ihn auf höchster Stufe etwa 3 Minuten fluffig auf. Mische in einer separaten Schüssel den Zucker und das Mehl, gib die Mischung zum Frischkäse und rühre sie auf niedriger Stufe vorsichtig unter.
5. Gib saure Sahne und Vanilleextrakt dazu, rühre beides ebenfalls auf niedriger Stufe unter. Verquirle die Eier in einer kleinen Schüssel und gib sie in drei Teilen zur Masse. Rühre aber nicht zu lange – nur bis alles gerade so vermischt ist.
6. Wickle nun Springformboden und -rand in Alufolie: Leg zwei Bahnen Folie kreuzweise auf den Tisch, stell die Form in die Mitte und schlag die Alufolie an den Seiten hoch. Drücke sie am Rand der Springform an, sodass sie nicht in die Form hängt. Gieße nun vorsichtig die Frischkäsemasse auf den Keksboden.
7. Stelle die Form mittig in ein tiefes Backblech und fülle dieses 2 cm hoch mit Wasser. Das Wasser verhindert, dass der Cheesecake beim Backen reißt. Backe den Kuchen auf mittlerer Schiene erst 45 Minuten, reduziere dann die Temperatur um 20 Grad und backe ihn nochmals 30 Minuten. Wenn du seitlich an die Form klopfst und der Kuchen nur noch in der Mitte etwas wackelt, ist er fertig.
8. Schalte den Ofen aus, lass den Kuchen 30 Minuten bei offener Ofentür auf dem Blech ruhen. Nimm ihn heraus, entferne die Alufolie (Achtung, da kann heißes Wasser drin sein!) und lass ihn mindestens 6 Stunden auf einem Kuchengitter abkühlen.
9. Püriere die Erdbeeren mit dem Pürierstab, und vermische das Püree in einem kleinen Topf mit dem Zucker. Koche das Erdbeermus kurz auf und streiche es durch ein Sieb. Gieße es über den Cheesecake, stell diesen über Nacht in den Kühlschrank.

Kleiner Tipp

Wenn du frische Blaubeeren verwendest, dann gib sie in ein Sieb, lass etwas kaltes Wasser darüberlaufen und vermische sie sofort mit dem braunen Zucker und dem Vanilleextrakt. So haftet alles besser aneinander.

Blaubeer-Cobbler

Mein Blaubeer-Cobbler orientiert sich an einem beliebten amerikanischen Dessert: Beim Cobbler vermischen sich heiße Früchtchen mit warmem Teig; dazu wird traditionell Vanilleeis oder Sahne gereicht. Kann es etwas Besseres geben? Pass nur auf, dass du nicht schon vor dem Servieren die Auflaufform leergelöffelt hast – deine Freunde sollen schließlich auch was abbekommen!

Zutaten

Für 1 Auflaufform (20 cm Ø)

250 g TK-Blaubeeren

195 g Mehl

1 ½ TL Backpulver

110 g + 75 g brauner Zucker

¼ TL Salz

75 g Butter, zerlassen

180 ml Milch

1 TL Vanilleextrakt

Außerdem

Butter für die Form

Zubereitung

1. Bevor es losgeht, holst du am besten erst mal die Blaubeeren aus der Gefriertruhe und lässt sie in einem Sieb auftauen. Heize dann den Ofen auf 180 Grad vor und fette die Auflaufform ein.
2. Vermische mit einem Schneebesen das Mehl mit dem Backpulver, 110 g Zucker und dem Salz in einer Schüssel.
3. Füge die zerlassene Butter und die Milch dazu und verrühre alles gründlich. Fülle den Teig in die vorbereitete Form und streiche ihn glatt.
4. Vermenge die Blaubeeren in einer kleinen Schüssel gut mit 75 g Zucker und dem Vanilleextrakt und verteile sie gleichmäßig auf dem Teig.
5. Backe das Ganze 40–45 Minuten im vorgeheizten Ofen und stell die Köstlichkeit gleich warm auf den Tisch.

Kleiner Tipp

Natürlich kannst du auch kleinere Cookies formen. Nimm dann nur 1 EL Teig und backe die Cookies maximal 8 Minuten.

Triple Chocolate Cookies

Laut einer britischen Studie essen Männer mehr Schokolade als Frauen. Um das zu verifizieren, solltest du diese Cookies backen und ins Büro oder auf die nächste Party mitbringen. Dann setzt du dich daneben und machst eine Strichliste. Aber Vorsicht: Es könnte sein, dass die Cookies schneller weg sind, als du zählen kannst!

Zutaten

Für ca. 20 Stück (2 Backbleche)

320 g Mehl

2 TL Backpulver

50 g Kakaopulver

½ TL Salz

450 g Zartbitterschokolade

4 Eier (L)

2 TL Vanilleextrakt

2 TL Instant-Espressopulver

10 EL weiche Butter

300 g Zucker

2 EL dunkler Zuckerrübensirup (z. B. Grafschafter)

100 g Vollmilchschokolade

100 g weiße Schokolade

Zubereitung

1. Mische in einer mittelgroßen Schüssel Mehl, Backpulver, Kakaopulver und Salz und stell sie beiseite.
2. Hacke die Zartbitterschokolade in grobe Stückchen und schmelze sie bei mittlerer Hitze in einer Schüssel über einem heißen Wasserbad. Lass sie etwas abkühlen.
3. Schnapp dir einen Schneebesen und eine kleine Schüssel und verquirle darin die Eier mit dem Vanilleextrakt. Gib das Espressopulver dazu und lass die Mischung stehen, bis sich das Pulver gelöst hat. Rühr dann ein paarmal um.
4. Schlage die Butter mit der Küchenmaschine in einer großen Schüssel schaumig. Gib dann Zucker und Sirup dazu und rühre einige Male kräftig um.
5. Schalte die Küchenmaschine auf die niedrigste Stufe und rühre zuerst die Eimasse, dann die abgekühlte Schokolade ein; diese sollte auf jeden Fall noch flüssig sein. Schalte zwischendurch immer wieder die Maschine ab und fahre mit einem Silikonspatel am Rand der Schüssel entlang, damit auch wirklich alle Zutaten dazugemischt werden.
6. Rühre die Mehlmischung vorsichtig mit einem Kochlöffel unter. Hacke dann die Vollmilchschokolade und die weiße Schokolade und hebe sie ebenfalls unter. Decke die Schüssel mit Klarsichtfolie ab und lass den Teig 30 Minuten bei Zimmertemperatur ruhen.
7. Heize den Ofen auf 170 Grad vor und belege zwei Backbleche mit Backpapier. Nimm 2 gehäufte EL Teig, forme daraus eine Kugel und setze sie auf das Backpapier. Drücke sie etwas flach und fahre mit dem restlichen Teig genauso fort. Lass zwischen den einzelnen Häufchen etwa 4–5 cm Platz, da die Cookies beim Backen aufgehen.
8. Backe jedes Blech auf der mittleren Schiene etwa 10 Minuten bzw. so lange, bis die Ränder der Cookies fest werden. In der Mitte dürfen bzw. sollen sie noch weich sein. Hol sie aus dem Ofen, lass sie 10 Minuten auf dem Blech abkühlen und gib sie dann auf ein Kuchengitter. Da lässt du sie vollständig abkühlen – wenn du dich nicht schon vorher dazu hinreißen lässt, die meisten aufzufuttern.

Kleiner Tipp

Die Biskuitwürfel kannst du auch wunderbar vorbereiten. Back sie einfach mal zwischendurch, lass sie trocknen und bewahre sie luftdicht verpackt an einem kühlen Ort auf. So halten sie etwa 2–3 Wochen, und du hast immer was für spontanen Besuch in der Hinterhand.

Pistazienbiskuit-Trifle
mit Mascarponeschaum und Himbeeren

Manchmal muss es einfach schnell gehen, und das Ergebnis soll trotzdem was hermachen. Genau dafür ist dieses Rezept bestens geeignet: Das Trifle im Glas sieht toll aus, schmeckt superlecker, und lässt sich zum Teil schon vorbereiten, ist also ratzfatz fertiggestellt. Falls sich mal unangekündigt hoher Besuch ankündigt. Klingt das logisch? Nöö – is aber egal.

Zutaten

Für 6–8 Gläser

Zutaten für 1 Grundrezept „Pistazienbiskuit" von Seite 28

250 g Mascarpone

200 ml Sahne

1 Päckchen Vanillezucker

60 g Zucker

125 g Himbeeren

Außerdem

1 Backblech

Zubereitung

1. Mische den Teig für den Pistazienbiskuit von Seite 28. Backe ihn aber nicht in einer Springform, sondern auf einem Backblech. Belege also ein Backblech mit Backpapier, verstreiche den Teig vorsichtig darauf und backe den Pistazienbiskuit 10 Minuten bei 175 Grad.
2. Hol das Blech aus dem Ofen, nimm den Biskuit mitsamt des Backpapiers vom Blech, stürze ihn auf ein Kuchengitter, ziehe das Backpapier vorsichtig ab und lass den Biskuit ganz auskühlen. Wenn er kalt ist, schneide ihn einfach in mundgerechte Würfel.
3. Rühre den Mascarpone in einer Schüssel glatt, gib Sahne, Vanillezucker und Zucker dazu. Schlage alles mit den Rührbesen des Handrührgeräts schaumig auf.
4. Schnapp dir ein paar Gläser (am besten machst du die Anzahl der Gläser von der Anzahl der überraschend aufgetauchten Gäste abhängig) und schichte darin die Biskuitwürfel, den Mascarponeschaum und die Himbeeren abwechselnd auf.

Kleiner Tipp
Du kannst natürlich auch weiche Schokobonbons in die Mitte der Muffins drücken – das schmeckt ebenfalls ganz hervorragend.

Bananen-Muffins
mit Streuseln und Karamellkern

Diese Muffins sehen von außen ganz unscheinbar aus; erst wenn man hineinbeißt, offenbaren sie ihre wahre Raffinesse. Damit kannst du deine Liebsten echt überraschen – denn innen erwartet die Beschenkten nicht nur ein herrliches Bananenaroma, sondern auch ein weicher, flüssiger Karamellkern. Man sagt nicht umsonst: „Auf die inneren Werte kommt es an".

Zutaten

Für 12–16 Muffins (1 Muffinblech)

90 ml Milch

60 ml neutrales Pflanzenöl

1 Ei (L)

2 reife Bananen

320 g Mehl

2 TL Backpulver

½ TL Salz

100 brauner Zucker

12–16 weiche Karamellbonbons

Für die Streusel

50 g brauner Zucker

30 g Mehl

2 EL kalte Butter

Außerdem

12–20 Papierförmchen

Zubereitung

1. Heize den Ofen auf 200 Grad vor und lege eine Muffinform mit 12 Papierförmchen aus.
2. Vermische in einer großen Schüssel Milch, Öl und Eier mit einem Holzkochlöffel.
3. Zerdrücke die Bananen mit einer Gabel in einer kleineren Schüssel. (Du solltest die Bananen natürlich vorher schälen). Gib sie dann zur Milch-Öl-Ei-Mischung und verrühre alles gut.
4. Gib Mehl, Backpulver, braunen Zucker und Salz dazu und vermische wieder alles mit dem Kochlöffel, bis es sich gerade so verbunden hat. Der Teig muss nicht völlig glatt sein. Es dürfen ruhig noch ein paar Mehlklümpchen darin vorkommen.
5. Fülle den Teig in die Muffinförmchen, sodass diese nur etwa zu zwei Dritteln voll sind. Falls noch Teig übrig bleibt, stecke für jeden weiteren Muffin 2 Papierförmchen ineinander, fülle diese ebenfalls zu zwei Dritteln mit Teig. Drück dann je ein Karamellbonbon in die Mitte des Teigs, bis sich der Teig über dem Bonbon schließt.
6. Gib alle Zutaten für die Streusel in eine kleine Schüssel und verknete sie mit den Händen schnell zu einem krümeligen Teig – aber nicht zu lange, damit die Butter nicht zu weich wird. Verteile dann die Streusel gleichmäßig auf den Muffins.
7. Schieb das Muffinblech und ggf. die gefüllten Papierförmchen in den vorgeheizten Ofen. (Wenn du einige Muffins in Papierförmchen backst, solltest du Muffinblech und Förmchen auf ein Backblech statt auf einen Ofenrost stellen, damit die Papierförmchen nicht umkippen.) Da dürfen sie jetzt 20–25 Minuten vor sich hin backen. Nimm sie heraus, wenn sie schön goldgelb sind.

Kleiner Tipp

Natürlich schmecken die Schnecken auch mit purem Vanille- oder Schokopudding. Falls du keine Mandeln magst, lässt du sie einfach weg.

Hefeschnecken
mit Mandelpuddingfüllung

Kannst du dich noch an deinen ersten Pudding erinnern?
Meinen habe ich bei meiner Oma gegessen.
Es war ein Vanille-Schoko-Pudding, der auch Mandeln enthielt –
und er schmeckte einfach genial! Meiner Großmutter und ihrer leckeren
Geschmackskombination habe ich dieses Rezept gewidmet.

Zutaten

Für 2 Springformen (je 26 cm Ø)

Zutaten für 1 Grundrezept „Süßer Hefeteig“ von Seite 24

1 Päckchen Vanillepuddingpulver

1 Päckchen Schokoladenpuddingpulver

4 EL Zucker

700 ml Milch

100 g gehackte Mandeln

Für den Zuckerguss

200 g Puderzucker

3–4 EL Milch

Außerdem

Mehl für die Arbeitsfläche

Butter für die Formen

Zubereitung

1. Bereite den süßen Hefeteig nach dem Rezept auf Seite 24 zu.
2. Jetzt kommt der Pudding dran: Mische die beiden Puddingpulver mit dem Zucker und rühre alles mit 100 ml Milch glatt. Gib die restliche Milch in einen Topf und koch sie kurz auf. Nimm sie vom Herd und rühre die Puddingmischung mit einem Schneebesen ein. Stelle dann den Topf zurück auf die Herdplatte und koch den Pudding nochmal kurz auf – achte aber darauf, dass er nicht anbrennt! Nimm ihn sofort wieder von der Platte und rühr ihn nochmal gut durch. Er wird dir etwas zu dick vorkommen, das ist aber genau richtig. Mische die gehackten Mandeln unter und lass den Pudding komplett erkalten. (Damit keine Haut entsteht, gibt's einen einfachen Trick: Lege eine Frischhaltefolie direkt auf die Oberfläche des Puddings.)
3. Wenn der Hefeteig fertig ist – also auch schön gegangen ist –, darfst du dem Ofen mal wieder richtig einheizen. 200 Grad wären prima. Und die beiden Springformen kannst du auch gleich einfetten.
4. Roll dann den Teig auf einer bemehlten Arbeitsfläche zu einem Rechteck aus. Rühr den kalten Pudding nochmals kräftig durch und bestreiche damit die Teigfläche; lass am oberen Rand aber etwa 5 cm frei, damit die Füllung nicht herausquillt. Rolle dann den Teig von der langen Seite her auf.
5. Schneide die Rolle in etwa 3 cm dicke Scheiben und setze diese flach nebeneinander in die Springform – nicht zu eng, da die Schnecken nochmals gehen müssen. Wenn beide Formen befüllt sind, lässt du sie einfach nochmal kurz bei Zimmertemperatur stehen, und zwar etwa 10 Minuten. Danach kann die erste Form für 20–25 Minuten in den Ofen. Wenn die Hefeschnecken schön goldbraun sind, nimmst du sie aus dem Ofen und stellst die zweite Form ebenfalls für 20–25 Minuten hinein.
6. Mische aus Puderzucker und Milch einen Zuckerguss und gib diesen über die noch warmen Puddingschnecken. Du kannst sie gleich warm servieren oder in der Form auf einem Kuchengitter abkühlen lassen.

Kleiner Tipp

Du kannst natürlich auch deine Lieblingsschokolade verwenden oder die Schokolade ganz weglassen. Wenn du das Müsli nicht innerhalb von 1–2 Wochen aufbrauchst, kannst du es auch gut einfrieren.

Blaubeer-Granola
mit weißer Schokolade und Zimt

Es gibt Wurst-Frühstücker, Käse-Frühstücker, Marmelade-Frühstücker – und Müsli-Frühstücker. Ich persönlich gehöre zu den Letzteren. Darum habe ich immer ein Glas selbst gemachtes Granola zu Hause: eine amerikanische Müslivariante, bei der Frühstücksflocken und Kerne knusprig-süß ummantelt sind. Vielleicht steht ja bei dir auch bald so ein Glas ...

Zutaten

Für ca. 750 g Müsli (1 Backblech)

- 300 g Haferflocken
- 80 g gehackte Mandeln
- 30 g Zimt-Cerealien
- 30 g Leinsamen
- 30 g Weizenkleie
- 80 g Honig
- 80 g Zucker
- 2 TL Vanilleextrakt
- 1 TL Zimt
- ½ TL gemahlener Kardamom
- 1 TL Salz
- 80 ml Olivenöl
- 80 g getrocknete Blaubeeren
- 30 g weiße Schokolade, gehackt

Zubereitung

1. Heize deinen Ofen auf 150 Grad vor und leg ein Backpapier auf ein Backblech.
2. Gib ein Drittel der Haferflocken (also 100 g) in einen Mixer und mixe sie zu grobem Mehl. Vermische dieses in einer großen Schüssel mit den restlichen Haferflocken, den Zimt-Cerealien, den Leinsamen und der Weizenkleie.
3. Gib dann Honig, Zucker, Vanilleextrakt, Zimt, Kardamom und Salz in einen kleinen Topf und erwärme alles bei mittlerer Hitze, bis sich der Zucker aufgelöst hat; achte darauf, dass das Ganze nicht kocht.
4. Schalte die Herdplatte eine Stufe höher und gib das Öl genau in dem Moment dazu, wenn der Sirup leicht zu köcheln beginnt. Verrühre alles gründlich mit einem Schneebesen.
5. Gieße den Sirup über die Haferflockenmischung und verrühre das Ganze so lange, bis die trockenen Zutaten vollständig mit dem Sirup ummantelt sind.
6. Schütte die Masse auf das Backpapier und verteile sie gut. Backe das Müsli im Ofen 45 Minuten; fahre dabei alle 15 Minuten mit einem Holzkochlöffel durch das Müsli, damit es von allen Seiten schön goldbraun wird.
7. Hole das Granola aus dem Ofen und rühre sofort die getrockneten Blaubeeren darunter. Lass das Ganze 10 Minuten abkühlen und mische dann die weiße Schokolade dazu. Lass das Granola komplett abkühlen und fülle es in ein luftdicht verschlossenes Glas.

So ist das Granola 1–2 Wochen haltbar.

Kleiner Tipp

Natürlich kannst du auch jede andere Marmelade als Füllung verwenden und Sterne, Kreise oder Vierecke ausstechen. Lass deiner Kreativität freien Lauf.

Kleine Herz-Pies

mit Erdbeer-Schoko-Füllung

Dein Schatz wird dahinschmelzen, wenn du ihr oder ihm diese kleinen süßen Herzen am Morgen noch warm ans Bett bringst. Ich verspreche dir, damit verführst du jeden – denn wer könnte zu einem knusprigen Herz mit Erdbeerfüllung schon „Nein" sagen?

Zutaten

Für 15–20 Pies (2 Backbleche)

190 g Mehl

½ TL Salz

2 EL Zucker

115 g sehr kalte Butter, gewürfelt

4 EL Eiswasser

1 Glas (250 g) Erdbeermarmelade

200 g Zartbitterschokolade, geraspelt

1 Ei

Außerdem

Mehl für die Arbeitsfläche

Zubereitung

1. Mische für den Teig Mehl, Salz und Zucker in einer großen Schüssel. Gib dann die eiskalten Butterwürfel dazu und verknete alles ganz schnell mit den Fingern zu einem krümeligen Teig. Gib das Eiswasser dazu und verknete alles zu einem schönen, glatten Teig. Diesen wickelst du in Frischhaltefolie und lässt ihn 1 Stunde im Kühlschrank ruhen. (Mein Tipp für richtig eiskalte Butterwürfel: Schneide die Butter schon vor dem Backen in Würfel, leg sie auf einen Teller und stell diesen für 10 Minuten ins Eisfach.)
2. Rolle den Teig auf einer leicht bemehlten Arbeitsfläche aus und steche mit einem Herz-Ausstecher so viele Herzen wie möglich aus. Am Ende sollte eine gerade Anzahl Herzen vor dir liegen, denn du brauchst gleich viele Böden und Deckel.
3. Heize den Ofen auf 200 Grad vor und lege zwei Backbleche mit Backpapier aus. Verteile darauf die Hälfte der Herzen (von nun an „Boden-Herzen" genannt), gib je 1 Klecks Erdbeermarmelade (etwa 1 TL) in die Mitte und streu etwas Schokolade darüber. Verquirle das Ei und bepinsle damit die Ränder der „Boden-Herzen".
4. Schneide nun die „Deckel-Herzen" mittig kreuzweise ein und leg sie auf die befüllten „Boden-Herzen". Drück die Ränder etwas zusammen, am besten mit einer Gabel, bestreiche die Herz-Pies mit dem restlichen verquirlten Ei und backe sie im vorgeheizten Ofen etwa 10–12 Minuten oder bis sie schön goldbraun sind.

Kleiner Tipp

Wenn du deine Pommes lieber mit „Mayo“ haben möchtest, dann verrühre 100 g Mascarpone mit 1 EL Zucker und 3–4 EL Sahne; schon hast du eine leckere süße Mayonnaise.

Cookie-Pommes
mit Erdbeerketchup

Wie wär's denn mal mit einem Pommes-Frühstück im Bett?
Nein, ich meine nicht die kalten Kartoffelstäbchen, die vom Vortag
noch übrig sind – sondern leckere, selbst gebackene Cookie-Pommes
mit erfrischendem Erdbeerketchup. Da wird dein Schatz Augen machen!

Zutaten

Für 2 Backbleche

Zutaten für 1 Grundrezept „Vanillemürbteig" von Seite 26

200 g Erdbeeren

40 g Zucker + Zucker zum Wenden

1 EL Speisestärke

Zubereitung

1. Knete einen schönen Vanillemürbteig nach dem Rezept auf Seite 26. Heize den Ofen auf 175 Grad vor und belege die beiden Backblecke mit Backpapier.
2. Rolle den Teig auf einer bemehlten Arbeitsfläche aus und schneide ihn horizontal in etwa 1–1,5 cm dünne Streifen. Teile diese Streifen in etwa 10 cm lange Stücke und lege sie vorsichtig mit etwas Abstand auf die beiden Backbleche. (Natürlich kannst du die Pommes auch in eine andere Form schneiden. Wenn du zum Beispiel gewellte Pommes möchtest, dann schneide den Teig nicht mit einem glatten Messer, sondern mit einem gewellten Teigroller aus.)
3. Backe die Cookie-Pommes etwa 7–9 Minuten im vorgeheizten Backofen; achte aber darauf, dass sie nicht zu braun werden – eine leichte Bräune ist perfekt. Die Cookies dürfen auch ruhig in der Mitte noch etwas weich sein. Hol die Bleche aus dem Ofen und lass die Cookie-Sticks vollständig darauf auskühlen.
4. Wasche und putze die Erdbeeren und püriere sie mit einem Pürierstab. Rühre die Speisestärke mit 2–3 EL Wasser in einer kleinen Schüssel oder Tasse glatt. Gib das Erdbeerpüree zusammen mit dem Zucker und der angerührten Speisestärke in einen kleinen Topf und bring das Ganze auf mittlerer Temperatur zum köcheln. Rühre immer gut um und achte darauf, dass nichts anbrennt. Nimm den Topf vom Herd, sobald die Masse etwas eindickt. Fertig ist das Erdbeerketchup!
5. Wende die fertigen Cookie-Pommes in etwas Zucker, pack sie in eine Pommestüte, und ab damit ins Schlafzimmer!

Süße Kleinigkeiten

Kleiner Tipp

Du kannst die Donuts auch mit Schokolade überziehen, mit Marmelade bestreichen oder einfach nur mit Puderzucker bestäuben.

Kardamom-Donuts
mit Zimtglasur

Sie sind klein, rund und unglaublich lecker: Donuts. Meistens werden sie in viel Öl frittiert, dabei schmecken sie auch gebacken einfach köstlich. Ich hab euch mein Lieblings-Donut-Rezept ins Buch gepackt – nachdem ich es vorher noch mit Kardamom verfeinert habe.

Zutaten

Für 12 Donuts (1 Donutform)

160 g Mehl

1 TL Backpulver

55 g Zucker

1 TL gemahlener Kardamom

½ TL Salz

60 g Butter, zerlassen und abgekühlt

1 TL Vanilleextrakt

1 Ei (L)

125 ml Buttermilch

Für die Zimtglasur

150 g Puderzucker

3–4 EL Milch

1 TL Zimt

Außerdem

Butter für die Form

Zubereitung

1. Streiche die Donutform dünn mit Butter aus. Heize den Ofen auf 180 Grad vor.
2. Mische Mehl, Backpulver, Zucker, Kardamom und Salz in einer großen Schüssel.
3. Verquirle die zerlassene Butter mit dem Vanilleextrakt, dem Ei und der Buttermilch und gieße diese flüssigen Zutaten zur Mehlmischung. Verrühre alles mit einem Schneebesen oder einem Kochlöffel mit Loch, bis es gut vermischt ist.
4. Fülle den Teig in einen Spritzbeutel ohne Tülle und verteile ihn gleichmäßig in den Mulden der Donutform, sodass diese etwa zu zwei Drittel gefüllt sind.
5. Backe die Donuts im vorgeheizten Ofen 10–12 Minuten, bis die Oberfläche schön goldgelb ist. Hole das Blech aus dem Ofen und lass die Donuts 5 Minuten im Blech abkühlen. Lege sie anschließend auf ein Kuchengitter und lass sie vollständig auskühlen.
6. Wenn sie ganz kühl sind, kannst du die Zimtglasur anrühren. Vermische dazu den Puderzucker, die Milch und den Zimt. Ist die Glasur zu flüssig, dann gib einfach noch etwas Puderzucker dazu. Ist sie zu dick, füge etwas Milch hinzu.
7. Tauche die Donuts in die Glasur und bestreue sie mit etwas Zimt.

Kleiner Tipp

Je nach Vorliebe kannst du die Ecken auch noch mit geschmolzener Zartbitterkuvertüre verzieren.

Pekannuss-Ecken

mit Orangenmarmelade

Nussecken kommen auf jeder Party super an. Überrasch deine Freunde mal mit dieser Variante – die haben sie bestimmt noch nie gegessen. Pekannüsse kommen aus Nordamerika und werden dort oft mit Ahornsirup kombiniert. Sie sind mit der Walnuss verwandt, haben allerdings eine dünnere Schale. Ich mache diese Nussecken mit Orangenmarmelade – ebenfalls sehr fein!

Zutaten

Für 1 Backblech

Zutaten für 1 Grundrezept „Mürbteig" von Seite 26

1 Glas (250 g) Orangenmarmelade

300 g Pekannüsse

200 g Zucker

100 ml Sahne

200 g Butter

Außerdem

Mehl für die Arbeitsfläche

Zubereitung

1. Bereite den Mürbteig zu, wie auf Seite 26 beschrieben. Heize den Backofen auf 190 Grad vor.
2. Rolle den Mürbteig auf einer bemehlten Arbeitsfläche oder direkt auf einem Backpapier zu einem Rechteck von 40 x 30 cm aus. Stich den Mürbteigboden mehrfach mit einer Gabel ein und backe ihn 15–18 Minuten im vorgeheizten Ofen auf der mittleren Schiene.
3. Erhitze die Marmelade in einem kleinen Topf und lass sie kurz aufkochen. Hole den Mürbteigboden aus dem Ofen, bestreiche ihn mit der heißen Marmelade und lass alles vollständig abkühlen. Schalte den Ofen auf 160 Grad herunter.
4. Nun kannst du die Pekannüsse fein hacken und in einer beschichteten Pfanne ohne Fett kurz anrösten.
5. Gib den Zucker in einen Topf und lass ihn bei mittlerer Hitze langsam karamellisieren. Rühre erst um, wenn der komplette Zucker geschmolzen ist. Gieße dann unter Rühren nach und nach die Sahne dazu. (Achtung: Die ganze Angelegenheit ist ziemlich heiß! Wenn du die Sahne zum geschmolzenen Zucker gießt, kann das ordentlich spritzen. Also sei vorsichtig.) Gib noch die Butter dazu und verrühre sie ebenfalls. Fertig ist das Karamell.
6. Hebe die gehackten, gerösteten Nüsse unter das Karamell, verstreiche anschließend die Nussmasse auf dem Mürbteigboden mit der Orangenmarmelade und backe das Ganze nochmals 10 Minuten im Ofen bei der reduzierten Temperatur.
7. Lass die Nussecken danach komplett auf dem Blech abkühlen. Erst danach schneidest du sie in die gewünschte Form und Größe.

Die Pekannuss-Ecken halten sich, luftdicht verpackt und kühl gelagert, etwa 1 Woche frisch.

Kleiner Tipp

Du kannst die Grissini zur Abwechslung auch mal in Kokosraspeln, gehackten Nüssen bzw. Mandeln oder in Zuckerstreuseln wälzen.

Schokoladen-Grissini
mit weißer Schokolade

Wer kennt sie nicht, die knackigen, dünnen Brotstangen aus Hefeteig, die im Urlaub in Italien immer auf dem Tisch stehen? Die Rede ist von Grissini. Hier möchte ich dir zeigen, dass die knusprigen Kollegen auch in der süßen Variante eine ausgesprochen gute Figur machen. Wobei die gute Figur wiederum durch den übermäßigen Genuss der Leckerei negativ beeinflusst werden könnte …

Zutaten

Für 30–40 Grissini

470 g Mehl

30 g Kakaopulver

250 ml Wasser

1 Päckchen Trockenhefe

2 TL Zucker

5 EL Olivenöl

Mark von 1 Vanilleschote

½ TL gemahlener Kardamom

200 g weiße Schokolade

100 g dunkle Schokoladenraspel

Zubereitung

1. Verknete alle Zutaten bis auf die weiße Schokolade und die dunklen Raspel mit dem Knethakenaufsatz der Küchenmaschine oder des Handrührgeräts zu einem geschmeidigen Hefeteig. (Das kann durchaus 10 Minuten dauern, je nachdem, ob der Teig einen guten oder einen schlechten Tag hat.)
2. Decke den Teig mit einem Geschirrtuch ab und lass ihn bei Zimmertemperatur 10 Minuten gehen. Heize inzwischen den Backofen auf 200 Grad vor; hier ist es wichtig, dass du keine Umluft, sondern Ober-/Unterhitze verwendest.
3. Nimm den Teig aus der Schüssel und knete ihn nochmals kurz durch. Rolle ihn dann auf einer leicht bemehlten Arbeitsfläche zu einem Rechteck von 20 x 30 cm aus.
4. Halbiere das Rechteck der Länge nach. Nun hast du zwei Stücke à 10 x 30 cm. Schneide eines der beiden Stücke in 1 cm breite Streifen – beginnend von der kurzen Seite. Du solltest also 30 schmale Streifen erhalten. Rolle diese mit den Fingern zu dünnen Grissini, lege sie auf ein Backblech, bestreiche sie mit etwas Wasser und backe sie 15 Minuten im vorgeheizten Ofen. Nimm die Grissini aus dem Ofen und lass sie auf dem Blech auskühlen.
5. Hacke die weiße Schokolade grob und schmelze sie über einem heißen Wasserbad. Lasse sie etwas abkühlen. Tauche die Grissini in die weiße Schokolade und bestreue sie mit den dunklen Schokoraspeln.

Kleiner Tipp

Du kannst die Schokolade auch weglassen, oder z. B. auch Marmelade zum Befüllen verwenden.

Brioche-Muffins
mit Zartbitterschokolade

Diese französisch inspirierten Leckerbissen gehören eindeutig zur Kategorie „Das Warten hat sich gelohnt". Denn um echte Brioches zu machen, muss man vor allem das: warten – sogar über Nacht! Aber die fluffig-leichten Teilchen sind den Aufwand wert. Und während der Teig vor sich hingeht, kannst du ja einfach schnell 'nen Kuchen grillen ...

Zutaten

Für 12 Muffins (1 Muffinblech)

80 ml warme Milch

80 ml warmes Wasser

35 g Hefe, zerbröselt

450 g Mehl

2 TL Salz

3 Eier (L) + 1 Ei (L) zum Einstreichen

55 g Zucker

300 g zimmerwarme Butter, gewürfelt

150 g Zartbitterschokolade, grob gehackt

1 EL Wasser

Außerdem

Butter für die Form

Zubereitung

1. Mische Milch und Wasser in einer kleinen Schüssel. Gib den Zucker und die Hefe mit hinein. Verrühre alles so lange, bis sich die Hefe aufgelöst hat. Lass das Ganze 10 Minuten stehen.
2. Siebe das Mehl in eine große Schüssel, gib 1 Prise Salz dazu und forme mit einem Löffel eine Mulde in die Mitte des Mehls. Gieße die Hefemischung dort hinein und rühre alles mit einem Holzkochlöffel um. Rühre dann 3 Eier in den Teig – jedes einzeln, bis alles gut untergemischt ist.
3. Nun ist Ausdauer gefragt. Du musst nämlich die Butterwürfel in den Hefeteig kneten, und zwar immer nur 2–3 auf einmal. Erst wenn die Butter mit allem verbunden ist, kommen die nächsten Würfel dran. Das kann schon etwas dauern ;-)
4. Gib den Teig in eine saubere Schüssel, decke diese mit Frischhaltefolie ab und lass den Teig an einem warmen Ort 1 Stunde gehen. Schlage dann mit der Faust einmal in die Mitte des Teigs, sodass dieser zusammenfällt. Stell nun den Teig für 2 Stunden in den Kühlschrank und schlage jede halbe Stunde wieder drauf. Deck dann die Schüssel wieder mit einer Frischhaltefolie ab und lass sie über Nacht im Kühlschrank stehen. Am nächsten Tag geht's weiter.
5. Fette eine Muffinform mit 12 Mulden ein. Hol den Teig aus dem Kühlschrank und knete ihn auf einer bemehlten Arbeitsfläche gut durch. Forme eine Rolle daraus, schneide diese in 12 gleich große Stücke und forme aus jedem Stück eine Kugel, indem du es zwischen deinen Handflächen rollst. Drücke die Kugeln platt und verteile die Schokolade gleichmäßig auf alle 12 Teigstücke. Gib die Schokolade jeweils in die Mitte, klapp den Teig darüber zusammen und forme wieder Kugeln.
6. Lege die Kugeln in die Mulden der Muffinform, bedecke diese mit Frischhaltefolie und lass sie nochmals 2 Stunden bei Zimmertemperatur gehen. Danach kannst du den Ofen auf 180 Grad Umluft vorheizen. Schlage das letzte Ei in eine kleine Schüssel und verquirle es mit 1 EL Wasser. Streiche damit die Oberfläche aller Kugeln ein, stell das Muffinblech auf einen Rost und backe die Brioches auf der mittleren Schiene im Backofen 20–25 Minuten, bis sie goldbraun sind.
7. Hol sie aus dem Ofen. Lass sie zuerst 10 Minuten im Blech abkühlen und dann auf einem Kuchengitter vollständig auskühlen.

Kleiner Tipp

Diese Muffins kannst du mit allem füllen, was dir gerade in den Sinn kommt. Probiere es doch mal mit deiner Lieblingsmarmelade, mit Schokostreuseln oder Karamellbonbons! Nur von Grünkohl, Tomatenketchup oder Heringssalat würde ich persönlich abraten ...

Donut-Muffins
mit Blaubeerfüllung

Ich liebe Donuts. Und ich liebe Muffins. Warum also nicht einmal beides kombinieren? Das habe ich für dich in diesem leckeren Rezept getan. Die kleinen Donut-Muffins haben zwar kein Loch in der Mitte, schmecken aber fruchtig und haben einen süßen Zuckermantel. Außerdem sind sie schnell und einfach gemacht und können ganz nach Lust und Laune gefüllt werden.

Zutaten

Für 12 Muffins (1 Muffinform)

150 g Butter

150 g Zucker

200 g Mehl

1 TL Backpulver

100 ml Naturjoghurt

2 Eier (L)

1 TL Vanilleextrakt

12 TL Blaubeermarmelade

Für den Zuckermantel

150 g feinster Zucker

2 TL Zimt

Außerdem

Butter für die Form

Zubereitung

1. Heize den Ofen auf 180 Grad vor und streiche die Mulden eines Muffinblechs dünn mit Butter aus.
2. Gib für den Teig die Butter in einen kleinen Topf und zerlasse sie bei niedriger Temperatur. Zieh dann den Topf von der Platte und lass ihn erst mal stehen.
3. Siebe den Zucker, das Mehl und das Backpulver in eine große Schüssel.
4. Verquirle in einer weiteren Schüssel Joghurt, Eier und Vanilleextrakt mit einem Schneebesen und gib diese „nassen" Zutaten zusammen mit der zerlassenen Butter zur Mehlmischung. Verrühre alles gründlich mit einem Holzkochlöffel.
5. Fülle nun in jede Mulde des Muffinblechs 1 gehäuften EL Teig und gib 1 TL Blaubeermarmelade in die Mitte dieser Teigportion. Verteile den restlichen Teig gleichmäßig auf alle Mulden, sodass die Marmelade vollständig abgedeckt ist.
6. Das Ganze kommt jetzt 15–20 Minuten in den vorgeheizten Ofen auf die mysteriöse mittlere Schiene. Nun kannst du schon mal den Feinstzucker und den Zimt für den Zuckermantel in einem tiefen Teller mischen.
7. Wenn die Donut-Muffins schön goldbraun sind, darfst du sie aus dem Ofen holen. Lass sie 2–3 Minuten in der Form abkühlen und nimm sie dann vorsichtig heraus; dabei ist ein Messer immer hilfreich. Wälze die Muffins in der Zimt-Zucker-Mischung und lass sie dann auf einem Kuchengitter vollständig auskühlen. Wenn du so lange warten kannst; denn warm schmecken die Teilchen fast noch besser …

Kleiner Tipp

Natürlich kannst du auch jeden anderen Saft für die Glasur verwenden. Orangensaft, Kirschsaft oder auch Granatapfelsaft sind drei leckere Varianten.

Mini-Amerikaner
mit Cranberry-Glasur

Erinnerst du dich noch an deine Kindheit? Daran, was du am liebsten vom Bäcker am Eck geholt hast, wenn dir deine Eltern eine Mark geschenkt haben? Bei mir waren das Amerikaner, mit Schokolade oder Zuckerguss. Oder mit beidem. Hier habe ich die Glasur etwas abgewandelt – eine Hommage an all die Amerikaner meiner Kindheit.

Zutaten

Für 20–30 Amerikaner (2 Backbleche)

100 g weiche Butter

100 g Zucker

1 Päckchen Vanillezucker

Salz

2 Eier

250 g Mehl

3 gestrichene TL Backpulver

1 Päckchen Vanillepuddingpulver

3 EL Milch

Zum Garnieren

200 g Puderzucker

3–5 EL Cranberrysaft

1 Handvoll getrocknete Cranberrys

Zubereitung

1. Heize zuallererst den Backofen auf 190 Grad vor und belege die beiden Backbleche mit Backpapier.
2. Schlage Butter, Zucker, Vanillezucker und 1 Prise Salz in einer großen Schüssel schaumig auf. Rühre dann beide Eier nacheinander jeweils 1 Minute unter.
3. Mische Mehl, Backpulver und Vanillepuddingpulver und gib es in drei Portionen abwechselnd mit der Milch zum Teig.
4. Fülle den Teig in einen Spritzbeutel ohne Tülle. Spritze auf die beiden Bleche Häufchen mit je etwa 5 cm Durchmesser; lass mindestens 4 cm Abstand zwischen den einzelnen Haufen.
5. Backe jedes Blech auf mittlerer Schiene 12–15 Minuten oder bis die Oberfläche der kleinen Amerikaner goldgelb ist. (Sie sollten nicht zu fest werden; hol die kleinen Leckerbissen lieber etwas zu früh aus dem Ofen.) Lass die Amerikaner dann vollständig auf einem Kuchengitter abkühlen, bevor du sie glasierst.
6. Verrühre den Puderzucker mit dem Cranberrysaft zu einem Zuckerguss und tauche die Amerikaner mit der glatten Fläche hinein. Schüttle die überflüssige Glasur ab und lass sie etwa 5 Minuten antrocknen. Verziere die Amerikaner dann mit den getrockneten Cranberrys.

Kleiner Tipp

Wenn du es besonders süß haben möchtest, kannst du 100 g Schokoladenraspel mit auf dem Teig verstreuen, bevor du ihn einrollst.

Zimtschneckenbrot

Ich bin offenbar nicht der Einzige, der bei Zimtschnecken schwach wird – in Schweden ist ihnen sogar jedes Jahr ein ganzer Tag gewidmet! Für alle anderen Fans habe ich ein komplettes Zimtschneckenbrot kreiert, von dem man sich nach Lust und Laune eine Schnecke abreißen kann; oder auch zwei oder drei …

Zutaten

Für 1 Kastenform (30 cm Länge)

Zutaten für 1 Grundrezept „Süßer Hefeteig“ von Seite 24

100 g weiche Butter

200 g Zucker

2 EL Zimt

Außerdem

Butter für die Form

Zubereitung

1. Bereite einen süßen Hefeteig nach dem Rezept auf Seite 24 zu. Rolle den fertigen Teig auf einer leicht bemehlten Arbeitsfläche zu einem 30 x 40 cm großen Rechteck aus.
2. Verstreiche die weiche Butter auf dem Teig. Vermische Zucker und Zimt und verteile die Mischung gleichmäßig auf dem gebutterten Teigstück.
3. Rolle den Teig von der langen Seite her auf und schneide die so entstandene Teigrolle in etwa 1,5 cm breite Scheiben.
4. Nimm die Kastenform und fette sie leicht mit Butter ein. Stelle diese dann hochkant (am besten lehnst du sie an etwas Hohes oder an die Wand an) und schichte die Zimtschnecken darin auf. Lass sie nochmals 10 Minuten bei Zimmertemperatur gehen.
5. Heize den Ofen auf 180 Grad vor und backe das Zimtschneckenbrot 30–35 Minuten, bis die Oberfläche schön goldgelb ist. Nimm es nun aus dem Ofen und lass es komplett in der Form abkühlen.

Müsliriegel
mit Erdbeeren

Eine selbst gebackene Süßigkeit, die auch noch gesund ist und dich beim Sport mit wichtigen Ballaststoffen und Energie versorgt? Kein Traum! Diese köstlichen Müsliriegel mit Nüssen, Kernen, Kokos und Erdbeeren gelingen dir ganz leicht!

Zutaten

Für 10–15 Riegel (1 Backblech)

100 g gefriergetrocknete Erdbeeren

25 g Cashewkerne

25 g ganze Mandeln

30 g Kokosraspel

150 g kernige Haferflocken

100 g Honig

50 g Butter

Zubereitung

1. Heize den Ofen auf 160 Grad vor und belege ein Backblech mit Backpapier. Schneide die gefriergetrockneten Erdbeeren in kleinen Stücke.
2. Hacke die Cashewkerne und die Mandeln mit einem Messer in grobe Stücke. Vermische sie in einer mittelgroßen Schüssel mit den Kokosraspeln, den Haferflocken und den Erdbeeren.
3. Gib Honig und Butter in einen kleinen Topf und bringe die Masse zum Köcheln. Lass die Honig-Butter-Mischung so lange köcheln, bis sie zu karamellisieren beginnt; das dauert je nach Hitze zwischen 5–15 Minuten.
4. Gieße das Honig-Butter-Karamell über die trockenen Zutaten und rühre so lange um, bis alles mit dem flüssigen Sirup überzogen ist.
5. Schütte die Masse dann auf das Backpapier und forme daraus ein Rechteck; es sollte etwa 1,5 cm dick sein. Um schöne gerade Ränder zu erhalten, kannst du die Müslimasse mithilfe einer Kuchenpalette oder eines Lineals in Form bringen.
6. Backe das Ganze etwa 12–16 Minuten, bis die Oberfläche goldgelb ist. Hole dann das Blech aus dem Ofen und lass es etwa 20 Minuten abkühlen. Schneide die Masse mit einem scharfen Messer in gleichmäßige Riegel.

Kleiner Tipp

Wenn du gefriergetrocknete Erdbeeren nirgends findest, kannst du auch getrocknete Cranberrys, Blaubeeren oder Rosinen verwenden.

Kleiner Tipp

Das Rezept funktioniert übrigens auch, wenn du die Cola durch Orangenlimonade oder Ginger Ale ersetzt.

Cola-Brownie-Bites
mit Pistazien

Diese Brownie-Würfel sind der Knaller! Sie sind einfach und schnell zubereitet, super saftig und unglaublich schokoladig. Besonders gut schmecken sie, wenn du sie schon am Vortag machst – denn dann können sie richtig gut durchziehen; und sind ein ideales Mitbringsel für die Party, das sich ausgezeichnet vorbereiten lässt.

Zutaten

Für 15–25 Brownies (1 Brownieform, 33 x 22 cm)

125 ml Buttermilch

1 TL Natron

250 ml Cola

125 g Butter

50 g Kakaopulver

250 g Mehl

350 g Zucker

½ TL Salz

2 Eier (L)

2 TL Vanilleextrakt

50 g Pistazien, gehackt

Für das Frosting

110 g zerlassene Butter, auf Zimmertemperatur abgekühlt

60 g Zartbitterschokolade, gehackt, geschmolzen und auf Zimmertemperatur abgekühlt

1 ¼ TL Vanilleextrakt

420 g Puderzucker, gesiebt

6 EL Cola

Zubereitung

1. Heize den Ofen auf 200 Grad vor. Lege die Brownieform mit Backpapier aus. Mische Buttermilch und Natron in einem hohen Rührgefäß, stelle es beiseite; nach ein paar Minuten wird die Mischung etwas aufquellen.
2. Erwärme nun bei mittlerer Hitze Cola, Butter und Kakao in einem kleinen Topf, bis die Butter geschmolzen ist. (Sie darf nicht kochen!) Nimm den Topf vom Herd.
3. Siebe Mehl, Zucker und Salz in die Schüssel der Küchenmaschine und gieße die Cola-Butter-Mischung dazu. Verrühre alles etwa 2 Minuten auf niedriger Stufe. Gib Eier, Vanilleextrakt und Buttermilch-Natron-Mischung dazu und verrühre alles gründlich. (Wenn der Teig ziemlich dünn aussieht, hast du alles richtig gemacht.)
4. Gieße den Teig in die Form und streiche ihn mit einem Gummispatel schön glatt. Stell ihn in den vorgeheizten Ofen und backe ihn 20 Minuten lang. (Ganz wichtig: Öffne auf keinen Fall die Backofentür vor Ende der Backzeit!)
5. Inzwischen kannst du schon mal Butter und Schokolade für das Frosting in einem Topf bei geringer Hitze unter Rühren schmelzen. Nimm den Topf danach vom Herd, rühre das Vanilleextrakt dazu und lass die Masse abkühlen.
6. 5 Minuten vor Ende der Backzeit kannst du das Frosting fertigstellen: Siebe dazu den Puderzucker in eine große Schüssel und gib sowohl die Schoko-Butter-Mischung als auch die Cola mit dazu. Verrühre alles auf niedriger Stufe gründlich und decke dann die Oberfläche des Frostings bis zur Weiterverarbeitung mit Frischhaltefolie ab.
7. Hole den Kuchen aus dem Ofen und lass ihn 5 Minuten auf einem Kuchengitter auskühlen. Gib dann esslöffelweise das Frosting auf den noch warmen Kuchen und verstreiche es vorsichtig mit einem Silikonspatel, einem Messer oder einer Palette. An manchen Stellen wird das Frosting anfangen zu schmelzen; das ist aber okay.
8. Lass den Kuchen bei Zimmertemperatur mindestens 4 Stunden, am besten über Nacht, abkühlen. Bestäube die Oberfläche vor dem Servieren mit Kakaopulver und bestreue sie mit den Pistazien. Dank des Backpapiers kannst du die Brownies nun aus der Form heben und mit einem heißen Messer in Würfel oder Dreiecke zerteilen.

Kühl gelagert, halten sich die Brownies etwa 4 Tage.

Kleiner Tipp

Die Bällchen schmecken übrigens auch mit Mandeln oder Cashewkernen ganz wunderbar.

Macadamia-Bananen-Bällchen
mit Honig

Die Macadamianuss gilt als „Königin der Nüsse". Sie hat ein sehr feines Aroma und ist reich an ungesättigten Fettsäuren. In diesem Rezept geht sie eine Verbindung mit Zimt und Vanille ein! Die feinen Bällchen sind schnell gemacht und schmecken sehr fein – und das Beste: Der süße Geschmack kommt allein von den Bananen und vom Honig, es ist kein weiterer Zucker enthalten.

Zutaten

Für 12–14 Bällchen (1 Backblech)

2 EL Kokosöl

80 g Macadamiakerne

150 g zarte Haferflocken

½ TL Zimt

¼ TL Salz

1 mittelgroße reife Banane

3 EL Honig

½ TL Vanilleextrakt

Zubereitung

1. Heize den Ofen auf 180 Grad vor. Schmelze das Kokosöl in einem kleinen Topf und stelle es beiseite. Leg eine Lage Backpapier auf das Backblech.
2. Hacke die Macadamias in kleine Stücke und vermische sie mit den Haferflocken, dem Zimt und dem Salz.
3. Schäle die Banane und zerdrücke sie in einer Schüssel mit einer Gabel zu feinem Mus. Vermenge es mit dem Honig, dem Kokosöl und dem Vanilleextrakt. Gieße diese Mischung über die trockenen Zutaten. Verrühre alles gründlich zu einer glatten Masse.
4. Forme aus der Masse 12–14 kleine Bällchen und lege sie auf das Backblech. Backe die Macadamia-Bananen-Bällchen 8–10 Minuten auf der mittleren Schiene. Hol sie aus dem Ofen und lass sie auf einem Kuchengitter ganz abkühlen.

Die kleinen Häppchen bleiben schön frisch, wenn du sie nach dem Abkühlen luftdicht verpackt im Kühlschrank lagerst. Länger als 4 Tage solltest du sie dennoch nicht aufbewahren. Aber so lange werden sie sowieso nicht überleben, oder?

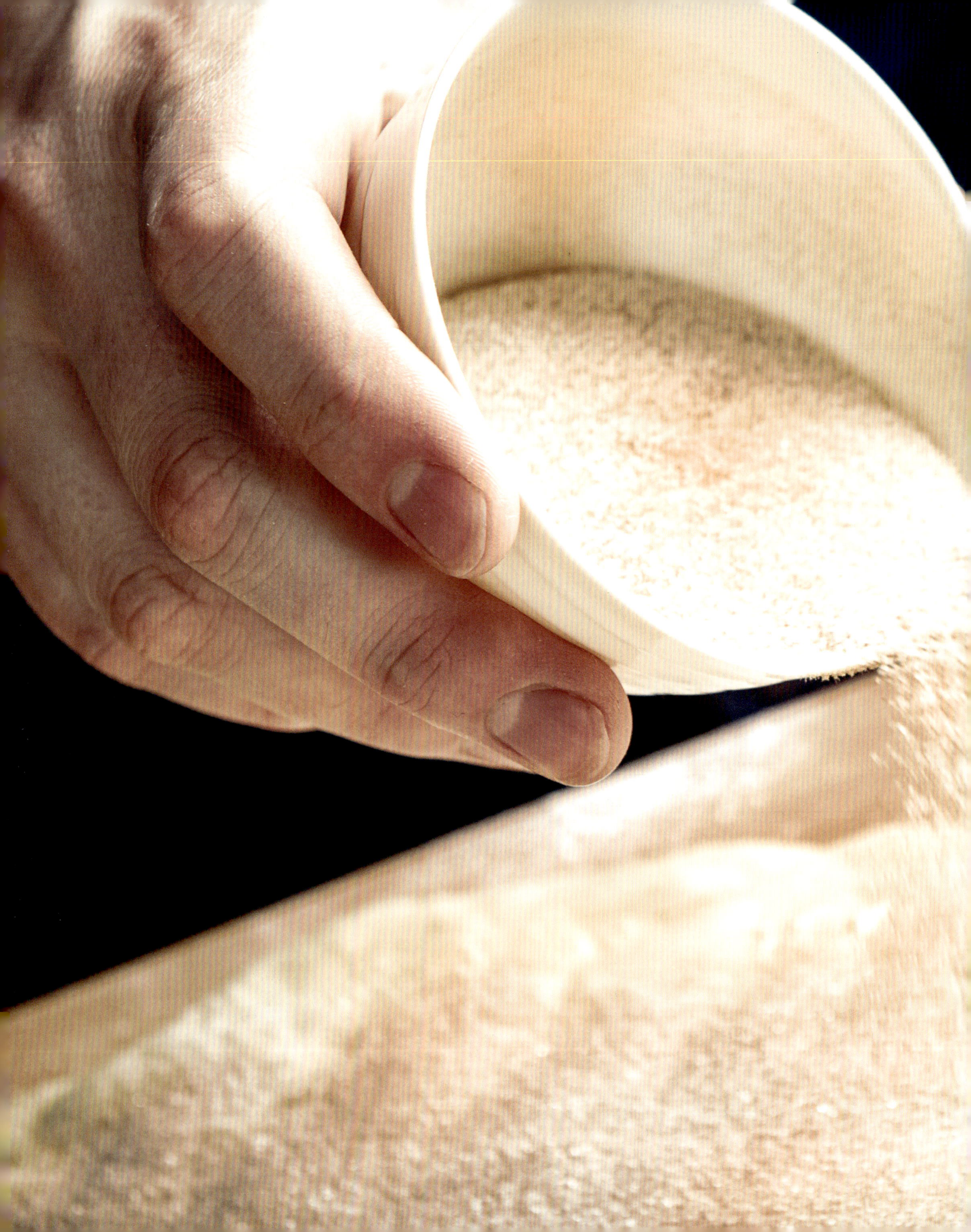

Klassiker

Kleiner Tipp

Die Schokoladenraspeln halten am besten am Rand der Torte, wenn du sie um den Kuchen außen herumschüttest und dann mit einer Tortenkarte von unten nach oben an den Kuchen andrückst.

Kleine Schwarzwälder Kirschtorte mit Schokoraspeln

Es gibt eine Torte, mit der man immer richtig Eindruck schinden kann: die Schwarzwälder Kirschtorte. Sie ist die wohl aufwendigste Torte in diesem Buch. Aber ich verspreche dir, die Mühe lohnt sich – spätestens, wenn du siehst, wie deine Schwiegermutter vor Neid erblasst oder wie sie anerkennend lächelt.

Zutaten

Für 1 Springform (20 cm Ø)

25 g Zucker

75 g Mehl

50 g weiche Butter

Zutaten für 1 Grundrezept „Schokobiskuit" von Seite 28

Für Füllung und Deko

2–3 EL Marmelade nach Wahl (z. B. Erdbeer, Aprikose oder Kirsch)

½ Glas Sauerkirschen, abgetropft (Abtropfgewicht 160 g) und 100 ml Saft aufgefangen

1 EL Speisestärke

3 Blatt Gelatine

20 ml Kirschwasser

600 ml eiskalte Sahne

2 Päckchen Vanillezucker

1 Päckchen Sahnesteif

250 g Vollmilchkuvertüre

12–16 Belegkirschen

Zubereitung

1. Bereite aus Zucker, Mehl und Butter einen Mürbteig zu, wie auf Seite 26 beschrieben; lege ihn 1 Stunde verpackt in den Kühlschrank. Heize den Ofen auf 175 Grad vor. Rolle den Mürbteig auf Backpapier aus, schneide ihn auf exakt 20 cm Durchmesser zu. Steche ihn mehrmals mit der Gabel ein und lege ihn mit dem Papier aufs Blech. Backe ihn etwa 10 Minuten im vorgeheizten Ofen und lass ihn anschließend komplett abkühlen.
2. Bereite den Schokoladenbiskuit von Seite 28 in der Springform zu. Backe ihn ebenfalls bei 175 Grad im vorgeheizten Ofen 25–30 Minuten. Lass ihn komplett abkühlen und halbiere ihn dann horizontal, sodass du zwei Böden hast.
3. Lege den Mürbteigboden auf eine Tortenplatte, bestreiche ihn dünn mit Marmelade. Gib einen der beiden Biskuitböden darauf, lege einen Tortenring darum. Erhitze in einem kleinen Topf den aufgefangenen Kirschsaft mit der Speisestärke, bis alles eindickt. Nimm den Topf vom Herd, hebe die Kirschen darunter, verteile die Masse auf dem Tortenboden. Lass am Rand etwa 1–2 cm frei.
4. Weiche die Gelatine in kaltem Wasser 5–10 Minuten ein. Erwärme dann das Kirschwasser in einem Topf vorsichtig auf niedrigster Stufe; es darf nicht zu heiß werden. Drücke die Gelatine aus und löse sie im Kirschwasser auf.
5. Schlage 300 g Sahne steif; lass dabei 1 Päckchen Vanillezucker einrieseln. Gib 2–3 EL geschlagene Sahne zur Kirschwasser-Gelatine und rühre sie glatt. Rühre diese Mischung unter die restliche Sahne. Verstreiche zwei Drittel der Sahne im Tortenring, lege den zweiten Schokobiskuit-Boden obendrauf, drücke ihn etwas an und verstreiche die restliche Sahne auf dem Biskuitboden. Stelle die Torte 1 Stunde in den Kühlschrank.
6. Schlage die restliche Sahne steif; lass den übrigen Vanillezucker und das Sahnesteif einrieseln. Lege für die Verzierung etwas Sahne in einem Spritzbeutel mit Sterntülle beiseite. Entferne den Tortenring, streiche mit der übrigen Sahne Seite und Oberfläche der Torte ein, am besten mithilfe einer Palette oder eines glatten Messers. Verziere die Torte mit 12–16 Sahnetupfen und den Belegkirschen.
7. Schabe mit der stumpfen Klingenseite eines Messers schöne Flocken von der Rückseite des Vollmilchkuvertüreblocks ab, dekoriere damit die Oberseite der Torte. Raspele die restliche Kuvertüre und garniere damit den Rand (siehe Tipp).

Kleiner Tipp

Du kannst statt 1 Orange auch 1 Zitrone für den Kuchen verwenden. Oder du gibst zusätzlich noch 1 TL Zimt, gemahlenen Kardamom oder Anis, 1 EL Kümmel oder das Mark einer Vanilleschote zum Teig.

Sandkuchen
mit braunem Zucker

Dieser Kuchen hat nichts mit den Gebilden zu tun, die wir auf dem Spielplatz mit Förmchen „gebacken" haben. Wenn ihr ihn auf den Tisch stellt, brauchen eure Freunde also nicht Sand zwischen den Zähnen zu fürchen. Der Kuchen heißt so, weil die Konsistenz des Teigs an Sand erinnert. Für mich ist er einer der besten trockenen Kuchen.

Zutaten

Für 1 Kastenform (30 cm Länge)

1 Bio-Orange

225 g weiche Butter

200 g Zucker

3 Eier

350 g Mehl

2 TL Backpulver

¼ TL Salz

3 EL brauner Zucker

Zubereitung

1. Heize den Ofen auf 170 Grad vor. Lege die Kastenform mit Backpapier aus.
2. Reibe die Schale der Bio-Orange dünn ab und gib sie zusammen mit Butter und Zucker in die Schüssel der Küchenmaschine. Schlage das Ganze schaumig. Gib nun die Eier einzeln zum Teig; rühre jedes Ei 1 Minute lang unter.
3. Mische Mehl, Backpulver und Salz und siebe alles in eine kleine Schüssel. Presse die Orange aus und rühre die Mehlmischung abwechselnd mit dem Orangensaft mithilfe eines Holzkochlöffels unter den Teig, bis eine glatte Masse entstanden ist.
4. Fülle den Teig in die Kastenform und bestreue den Kuchen mit dem braunen Zucker. Backe den Sandkuchen auf mittlerer Schiene im vorgeheizten Backofen etwa 1 Stunde.
5. Nimm den Kuchen aus dem Ofen, stelle ihn mit der Form auf ein Kuchengitter und lass ihn vollständig abkühlen.

Kleiner Tipp

Du kannst den fertigen Kuchen entweder nur mit Puderzucker bestäuben, oder du hackst 200 g Zartbitterkuvertüre, schmilzt sie über einem Wasserbad und verpasst dem Kuchen eine leckere Schokoglasur.

Marmorkuchen

Der Marmorkuchen sollte in deinem Repertoire nicht fehlen. Er schmeckt einfach jedem und gehört hierzulande zu den beliebtesten Kuchen. Meine Variante ist besonders saftig – das gelingt mir aufgrund einer speziellen Zutat, die mir mein Opa einmal verraten hat …

Zutaten

Für 1 Gugelhupfform (23 cm Ø)

300 g weiche Butter

275 g + 20 g Zucker

1 Päckchen Vanillezucker

Salz

1 TL brauner Rum

5 Eier

370 g Mehl

4 gestrichener TL Backpulver

3 EL + 3 EL Milch

20 g Kakaopulver

1 EL Preiselbeeren

Außerdem

Butter und Mehl für die Form

Zubereitung

1. Fette die Gugelhupfform ein und streue sie leicht mit Mehl aus. Heize den Ofen auf 180 Grad vor.
2. Schlage die Butter in einer großen Schüssel schaumig – oder lass die Küchenmaschine für dich arbeiten, das ist wesentlich entspannter. Gib dann 275 g Zucker, Vanillezucker, Salz und Rum dazu und verrühre alles. Lass dann die Küchenmaschine jedes Ei einzeln etwa 30 Sekunden unter den Teig rühren.
3. Mische das Mehl mit dem Backpulver und siebe es in eine separate Schüssel. Gib das Mehl dann in drei Teilen abwechselnd mit 3 EL Milch zum Teig und rühre dabei ständig weiter. Der Teig sollte schwer reißend vom Löffel tropfen. Ist der Teig zu flüssig, gib einfach etwas Mehl dazu; ist er zu fest, kannst du etwas mehr Milch unterrühren.
4. Gib zwei Drittel des Teigs in die Form. Vermische das letzte Drittel des Teigs mit dem Kakaopulver, 20 g Zucker und 3 EL Milch. Gib dann noch die Preiselbeeren dazu und rühre sie ebenfalls unter. (Das ist die Zutat, die den Kuchen auch nach Tagen noch schön saftig hält.) Gib den dunklen Teig ebenfalls in die Form und hebe den Kakaoteig mit einer Gabel spiralförmig unter den hellen Teig.
5. Backe den Kuchen auf der mittleren Schiene etwa 60 Minuten im vorgeheizten Ofen. Mach den Stäbchentest und hole den Kuchen aus dem Ofen, wenn er fertig ist. Lass ihn etwa 10 Minuten in der Form abkühlen, stürze ihn auf ein Kuchengitter und lass ihn vollständig abkühlen.

Zitronenkuchen
mit Zuckerguss

Wenn es irgendeinen Kuchen gibt, bei dem ich in Versuchung gerate, nicht nur ein Stück, sondern mindestens fünf zu essen, dann ist es dieser Zitronenkuchen. Schon als Kind hab ich Zitronenkuchen geliebt – und darum darf ein Rezept in diesem Buch nicht fehlen.

Zutaten

Für 1 Kastenform (25 cm Länge)

2 Bio-Zitronen

250 g weiche Butter

250 g Zucker

1 Prise Salz

4 Eier

250 g Dinkelmehl

2 TL Backpulver

150 g Puderzucker

Außerdem

Butter und Mehl für die Form

Zubereitung

1. Fette die Kastenform mit etwas Butter und streue sie mit Mehl aus.
2. Spüle die Bio-Zitronen heiß ab, reibe sie mit einem Küchentuch trocken, rasple die Schale dünn ab und presse den Saft in einem separaten Gefäß aus.
3. Heize den Ofen auf 160 Grad Umluft vor. Gib die Butter zusammen mit Zucker und Salz in die Schüssel der Küchenmaschine und schlage alles etwa 8 Minuten schaumig auf. Rühre weiter und gib die Eier einzeln dazu.
4. Mische Mehl und Backpulver und siebe es in ein anderes Gefäß. Gib es dann im Wechsel mit dem Zitronensaft zum Teig; lass etwa 2–3 EL Zitronensaft übrig. Zuletzt kommt noch die Zitronenschale in den Teig.
5. Fülle den Teig in die Form und streiche ihn glatt. Backe den zitronigen Leckerbissen 50–60 Minuten im vorgeheizten Ofen auf mittlerer Schiene. Wenn er auf der Oberfläche zu dunkel wird, kannst du ihn einfach mit einem Bogen Backpapier abdecken.
6. Hole den Kuchen aus dem Ofen, lass ihn etwa 10 Minuten abkühlen, stürze ihn dann aus der Form und lass ihn auf einem Kuchengitter vollständig erkalten.
7. Für den Guss musst du nun nur noch den Puderzucker mit dem restlichen Zitronensaft vermischen, alles gut verrühren und über den Kuchen gießen.

Linzer Schnitten
mit Himbeermarmelade

Manche Kuchen schmecken erst richtig gut, wenn sie mehrere Tage lang durchziehen konnten. Dazu gehören auch meine Linzer Schnitten. Sie sind nach etwa 1 Woche quasi perfekt – und lassen sich daher optimal vorbereiten. Eine Sache weniger also, um die du dich am Tag der Einladung kümmern musst. Denn da hast du bestimmt viel anderes zu tun ...

Zutaten

Für 1 Brownieform (22 x 30 cm)

200 g Mehl

2 TL Backpulver

150 g kalte Butter

150 g gemahlene Haselnüsse

2 Eier + 1 Eigelb (zum Bestreichen)

1 Msp. Nelkenpulver

1 EL Zimt

2 EL Kakaopulver

200 g Zucker

2 EL Kirschwasser

1 Glas (250 g) Himbeermarmelade

Außerdem (nach Belieben)

Butter und Mehl für die Form

Alufolie

Zubereitung

1. Verknete Mehl, Backpulver, Butter, Haselnüsse, 2 Eier, das Nelkenpulver, Zimt, Kakao, Zucker und Kirschwasser mit den Knethaken der Küchenmaschine auf niedriger Stufe zu einem glatten Teig. Wenn alle Zutaten gut verbunden sind, nimm den Teig aus der Schüssel und knete ihn mit den Händen auf einer leicht bemehlten Arbeitsfläche nochmals gut durch.
2. Forme aus dem Teig eine Kugel, drücke sie leicht platt und wickle sie in Frischhaltefolie. Lass den Teig über Nacht im Kühlschrank ruhen.
3. Hole am nächsten Tag den Teig aus dem Kühlschrank und lasse ihn etwa 5 Minuten bei Zimmertemperatur liegen. Fette inzwischen die Backform ein und bestreue sie leicht mit Mehl oder lege sie mit Backpapier aus. Den Ofen kannst du nun auch vorheizen: auf 200 Grad.
4. Nimm zwei Drittel des Teigs und rolle ihn auf einer bemehlten Arbeitsfläche zu einem Rechteck aus, das genau in die Form passt, also 22 x 30 cm. Schneide den überflüssigen Rand ab – wirf den Teig aber nicht weg. Lege das Teigrechteck in die Form und bestreiche es mit der Himbeermarmelade.
5. Verknete den abgeschnittenen Rand mit dem letzten Drittel des Teigs, rolle den Teig wieder aus und schneide ihn in schmale Streifen. Dazu kannst du ein Teigrädchen mit gewelltem Rand verwenden. Lege die Teigstreifen auf die Marmelade. Verquirle ein Eigelb mit etwas Wasser und bepinsle damit die Teigstreifen.
6. Backe die Linzer Torte im vorgeheizten Ofen 45 Minuten auf der mittleren Schiene. Hole den Kuchen aus dem Ofen und lass ihn in der Form auf einem Kuchengitter komplett abkühlen. Stürze den Kuchen danach aus der Form und verpacke ihn in Alufolie. Lass ihn dann 4–5 Tage an einem kühlen Ort (nicht im Kühlschrank) ruhen.
7. Schneide den Kuchen vor dem Servieren einfach in gleichmäßige Schnitten.

Kleiner Tipp

Dieser Kuchen eignet sich auch hervorragend als Tortenboden – schneide ihn dazu einfach waagerecht durch. Die Böden kannst du nach Wunsch füllen: etwa mit Sahne und Himbeeren oder auch mit Bananen und Karamell.

Schokoladenkuchen
mit Kaffee & Buttermilch

Wenn ich die Entscheidung treffen würde, keine Süßigkeiten mehr zu essen, dann könnte mich wenig dazu verleiten, diesen Vorsatz zu brechen. Außer, man stellte mir diesen Schokoladenkuchen vor die Nase – denn dem kann ich einfach nicht widerstehen! Er ist so unglaublich saftig und schokoladig, dass es eine Sünde wäre, ihn nicht zu essen.

Zutaten

Für 1 Springform (20 cm Ø)

220 g Mehl

1 TL Backpulver

280 g Zucker

65 g Kakaopulver

2 TL Natron

1 TL Salz

240 ml Buttermilch

120 ml neutrales Pflanzenöl

2 Eier (L)

1 TL Vanilleextrakt

240 ml frisch gebrühter Kaffee

Kakaopulver oder Puderzucker zum Bestäuben (nach Belieben)

Außerdem

Butter und Mehl für die Form

Zubereitung

1. Heize dem Ofen so richtig ein, bis er 180 Grad Ober-/Unterhitze erreicht hat. Fette die Springform ein und streu sie leicht mit Mehl aus.
2. Siebe Mehl, Backpulver, Zucker, Kakaopulver, Natron und Salz in eine Schüssel und stelle sie beiseite.
3. Verrühre Buttermilch, Öl, Eier und Vanilleextrakt auf höchster Stufe, bis sich alles gut verbunden hat. Schalte den Mixer auf die niedrigste Stufe, gib die Mehl-Zucker-Kakao-Mischung zum Teig und verrühre alles gründlich.
4. Trinke nun den Kaffee leer – nein, bloß nicht! Gieße ihn zum Teig und rühre ihn ebenfalls gut unter. Der Teig ist sehr flüssig, das ist aber okay. Dadurch wird der Kuchen richtig schön saftig. Versprochen!
5. Gieße den Teig in die Form und backe ihn im vorgeheizten Ofen 45–50 Minuten, bis ein Holzstäbchen, das du in die Mitte des Kuchens steckst, sauber wieder herauskommt. Nimm den Kuchen dann aus dem Ofen und lass ihn in der Form auf einem Kuchengitter vollständig abkühlen.
6. Löse den Kuchen aus der Form und bestäube ihn je nach Geschmack mit Kakaopulver oder Puderzucker.

Kleiner Tipp

Am besten geeignet sind feste, leicht säuerliche Äpfel, da diese nicht zu viel Flüssigkeit verlieren. In die Streusel kannst du auch noch eine Handvoll gehackte Mandeln kneten, das macht sie besonders knusprig.

Apfel-Streuselkuchen
mit Quarkfüllung

Es gibt einen Kuchen, den könnte ich zu jeder Tageszeit essen – zum Frühstück, zum Mittag- und zum Abendessen. Und ich geb es zu: dazwischen auch. Nämlich Apfelkuchen. In allen erdenklichen Varianten – mit Sahne, Vanillesoße, Rosinen oder was mir noch so einfällt ... Hier habe ich eine Variante mit Streuseln für dich kreiert.

Zutaten

Für 1 Springform (28 cm Ø)

300 g Mehl

150 g + 100 g Zucker

200 g Butter

2 Päckchen Vanillezucker

1 Prise Salz

1 kg Äpfel (z. B. Boskoop)

Saft von ½ Zitrone

250 ml Sahne

500 g Magerquark

2 Eier

30 g Speisestärke

Zubereitung

1. Lege den Boden der Springform mit Backpapier aus. Heize den Backofen auf 180 Grad vor.
2. Gib das Mehl, 150 g Zucker, die Butter, 1 Päckchen Vanillezucker und das Salz in eine Schüssel und verrühre diese Zutaten mit den Quirlen des Handrührgeräts zu Streuseln. Schütte zwei Drittel davon in die Springform und drücke sie als Boden an.
3. Schäle und entkerne die Äpfel, schneide sie in Spalten und gib sie in eine Schüssel. Beträufle sie mit dem Zitronensaft, damit sie nicht braun werden.
4. Rühre die Sahne, den Quark, 100 g Zucker, die Eier, 1 Päckchen Vanillezucker und die Speisestärke in einer kleinen Schüssel gründlich glatt. Gieße diese Quarkmasse auf den Streuselboden.
5. Gib die Äpfel auf die Quarkmasse und bestreue sie mit den restlichen Streuseln.
6. Backe den Kuchen im vorgeheizten Ofen etwa 50–55 Minuten. Wenn die Streusel schön goldgelb sind, ist der Kuchen fertig. Hole ihn aus dem Ofen und lass ihn in der Form vollständig abkühlen; stell ihn am besten auf ein Kuchengitter.

Kleiner Tipp

Solltest du gegen Haselnüsse allergisch sein, kannst du sie auch 1 : 1 durch Walnüsse, Erdnüsse oder Mandeln ersetzen.

Nusskuchen

mit Zartbitterglasur

Ich mag eigentlich keine Haselnüsse. Doch es gibt einen Trick, damit ich sie esse, ohne mit der Wimper zu zucken: Man versteckt sie in einem köstlichen Nusskuchen. Wenn du jemanden kennst, dem das genauso geht, dann solltest du für ihn oder sie dieses Rezept in die Tat umsetzen.

Zutaten

Für 1 Kastenform (25 cm Länge)

50 g gehackte Haselnüsse

3 Eier

150 g Zucker

150 g weiche Butter

1 Prise Salz

½ TL Zimt

10 ml Rum

25 g gemahlene Haselnüsse

25 g gemahlene Mandeln + etwas zum Garnieren

50 g Zartbitter-schokolade

150 g Mehl

½ Päckchen Backpulver

125 ml Milch

150 g Zartbitterkuvertüre

Außerdem (nach Belieben)

Butter und Mehl für die Form

Zubereitung

1. Heize den Backofen auf 180 Grad vor und lege die Kastenform entweder mit Backpapier aus oder fette sie gut ein und streue sie mit Mehl aus.
2. Röste die gehackten Haselnüsse in einer beschichteten Pfanne ohne Fett an, bis sie leicht braun werden. Schütte sie dann zum Abkühlen auf einen Teller. (Lass sie nicht in der Pfanne; sie können in der Resthitze verbrennen.)
3. Schlage in einer großen Schüssel die Eier, den Zucker und die Butter schaumig. Gib Salz, Zimt und den Rum dazu und verrühre alles gut.
4. Schütte nun auch die gerösteten und die gemahlenen Haselnüsse sowie 25 g gemahlene Mandeln zum Teig. Hacke die Zartbitterschokolade in grobe Stücke und rühre sie ebenfalls unter.
5. Mische das Mehl mit dem Backpulver und siebe es über den Nusskuchenteig. Gieße die Milch dazu und verrühre alles vorsichtig mit einem Kochlöffel, bis keine Mehlklümpchen mehr zu sehen sind.
6. Fülle den Teig in die Backform, streiche ihn glatt und backe den Nusskuchen im vorgeheizten Ofen auf mittlerer Schiene etwa 50–60 Minuten. Mache nach 50 Minuten einen Stäbchentest – sollte kein Teig mehr haften bleiben, hole den Kuchen aus dem Ofen, stelle ihn auf ein Kuchengitter und lass ihn vollständig abkühlen.
7. Hacke die Kuvertüre ganz fein und schmelze sie über einem heißen Wasserbad. Gib die flüssige Glasur esslöffelweise auf den Kuchen und verstreiche sie zügig mit einem glatten Messer. Zuletzt streust du die gemahlenen Mandeln als Garnitur darüber.

Kleiner Tipp

Für eine schokoladige Variante kannst du einfach statt des Vanillepuddingpulvers 1 Päckchen Schokoladenpuddingpulver verwenden.

Käsekuchen
ohne Boden

Normalerweise mag ich Mürbteigböden sehr. Doch es gibt einen Kuchen, bei dem er mich einfach stört: Käsekuchen. Für mich muss ein Käsekuchen nämlich saftig, cremig und weich sein. Da passt nach meinem Empfinden der Boden irgendwie nicht dazu – also lasse ich ihn einfach weg.

Zutaten

Für 1 kleine Springform (20 cm Ø)

50 g weiche Butter

100 g Zucker

2 Eier

1 Prise Salz

1 Päckchen Vanillepuddingpulver

1 Päckchen Vanillezucker

500 g Magerquark

100 ml Sahne

Puderzucker

Außerdem

Butter für die Form

Zubereitung

1. Heize den Backofen auf 175 Grad vor. Lege den Boden der Springform mit Backpapier aus und fette den Rand ein.
2. Schlage die Butter zusammen mit Zucker, Eiern, Salz, Puddingpulver und Vanillezucker in der Küchenmaschine schaumig.
3. Hebe dann mit einem Schneebesen vorsichtig den Quark und die Sahne unter; die Sahne muss nicht geschlagen werden.
4. Fülle die Quarkmasse in die Springform und backe den Kuchen im vorgeheizten Ofen auf der mittleren Schiene etwa 50–60 Minuten. Der Kuchen ist fertig, wenn du leicht an die Seite der Backform klopfst und er in der Mitte nicht mehr wackelt. Hole ihn dann aus dem Ofen und lass ihn in der Form auf einem Kuchengitter auskühlen.
5. Bestreue den Kuchen vor dem Servieren mit Puderzucker.

Kleiner Tipp

Um zu erkennen, ob der Biskuitboden fertig ist, musst du nur ganz leicht mit einem Finger auf die Oberfläche drücken. Bleibt ein Abdruck, ist der Teig noch nicht fertig. Springt der Teig zurück, kannst du den Biskuit aus dem Ofen nehmen.

Biskuitrolle
mit Himbeerfüllung

Zum Abschluss noch ein leichter, frischer Klassiker, der allen schmeckt: die Biskuitrolle. Sie ist der perfekte Sommerkuchen. Mit frischen Beeren gefüllt, macht sie eine perfekte Figur auf jeder Kaffeetafel. Gekühlt und im Garten serviert, schmeckt sie besonders gut. Natürlich kannst du sie auch mit Erdbeeren, Blaubeeren oder gemischten Waldbeeren zubereiten.

Zutaten

Für 1 Backblech

Zutaten für 1 Grundrezept „Biskuitteig“ von Seite 28

5–6 EL Zucker

250 ml Sahne

1 Päckchen Sahnesteif

1 Päckchen Vanillezucker

250 g frische Himbeeren oder TK-Himbeeren, aufgetaut

etwas Puderzucker (zum Garnieren)

Zubereitung

1. Heize den Ofen auf 180 Grad Ober-/Unterhitze vor (benutze hier auf keinen Fall Umluft). Lege ein sauberes Geschirrtuch auf die Arbeitsfläche und bestreue es mit Zucker.
2. Bereite den Grundteig für einen Biskuitboden nach den Anweisungen auf Seite 28 zu. Belege ein Backblech mit Backpapier und streiche den Teig vorsichtig auf das Backpapier. Backe den Biskuitboden etwa 10–15 Minuten, bis er leicht goldgelb wird.
3. Hole den Biskuit aus dem Ofen und stürze ihn mit dem Backpapier auf das bezuckerte Geschirrtuch. Löse dann vorsichtig das Backpapier ab. Rolle den Biskuitboden mitsamt dem Geschirrtuch ein und lass ihn vollständig abkühlen.
4. Schlage die Sahne auf und lasse Sahnesteif und Vanillezucker einrieseln. Rühre die Himbeeren unter die Sahne.
5. Entrolle vorsichtig wieder den Biskuitboden und bestreiche ihn mit der Himbeersahne. Lasse dabei etwa 5 cm am oberen Rand aus, damit die Füllung nicht herausquillt. Rolle dann den Biskuit mithilfe des Geschirrtuchs wieder ein. Nun kannst du ungleichmäßig überstehenden Biskuitteig an den Rändern noch glatt schneiden. Bevor du die Biskuitrolle servierst, siebe den Puderzucker darüber.

Register

Danksagung

An einem Buch sind viele Menschen beteiligt – meistens mehr, als man auf den ersten Blick erkennt. Darum wird es Zeit, mich hier bei allen zu bedanken.

Ein großes Dankeschön geht an …

… **Jascha Pansch:** Du bist einfach der beste Fotograf, den ich kenne, und ich danke dir für die großartigen Bilder, die wir zusammen gemacht haben. Du hast das Ding so was von gerockt!

… **Soraya Marschner:** Danke, dass du mich bei meinem Backmarathon unterstützt hast. 50 Kuchen in vier Tagen – das hätte ich allein nie geschafft! Danke für deine Freude, den Spaß, den wir zusammen hatten, und dein Durchhaltevermögen. Und danke, dass du mich wieder gepuscht hast, wenn die Luft gerade mal raus war. Ein ganz großes Dankeschön für deine Freundschaft!

… **Natascha Mössbauer:** Du bist und bleibst die beste Lektorin, die man sich wünschen kann. Danke für deine Offenheit, deine tollen Ideen und deine Begeisterung für dieses Buch!

… **Jean-Michel Fischer:** Danke, dass ich das Buch in deinem Verlag veröffentlichen durfte und dass du mir damit meinen Traum von einem Backbuben-Backbuch ermöglicht hast.

… **alle weiteren Mitarbeiter des EMF-Verlags**, die an diesem Buch beteiligt waren: Danke, dass ihr es zu dem gemacht habt, was es am Ende geworden ist!

… **alle Leser meines Blogs:** Ohne euch würde es dieses Buch nicht geben – denn eure Likes, Kommentare, E-Mails und Postkarten sind die beste Motivation, die es für mich gibt, weiterhin meine Leidenschaft mit euch zu teilen.

Und last but not least geht das größte Dankeschön **an meinen Schatz**: Danke, dass du es ertragen hast, eine ganze Woche lang in einer Wohnung zu leben, die aussah wie ein Schlachtfeld. Dass du für mich die Zutaten eingekauft hast, die ich vergessen hatte und dass du mich bei meinem Traum von diesem Buch unterstützt hast. Ich liebe dich.

Über dieses Buch

Alle Rezepte und Fotos für dieses Buch haben wir innerhalb einer Woche angefertigt. Aus diesem Grund musste ich den wohl größten Einkauf meines Lebens stemmen – und danach blühte mir die wahrscheinlich herausforderndste Lagerverwaltung in meiner Backkarriere. Meine Küche und mein Vorratsschrank stießen dabei an ihre Grenzen. Solltest du also irgendwann auf die Idee kommen, alle Rezepte aus diesem Buch auf einmal zu backen, dann kannst du dich auf folgenden Einkaufszettel gefasst machen ...

Grundzutaten

- 6460 g Butter
- 7760 g weißer Zucker
- 380 g brauner Zucker
- 2760 g Puderzucker
- 12 080 g Weizenmehl
- 190 g Vollkornmehl
- 200 g Reismehl
- 250 g Dinkelmehl
- 525 g Speisestärke
- 50 TL Backpulver
- 7 TL Natron
- 270 g frische Hefe
- 1 Päckchen Trockenhefe
- 68 Eier der Größe M
- 20 Eier der Größe L
- 8 Eiweiß
- 3 Eigelb
- 2 Päckchen Sahnesteif
- 3 Blatt Gelatine
- 740 ml Wasser
- 18 EL Eiswasser

Gewürze, Kräuter, Würziges

- 23 TL Salz
- 1 TL Pfeffer
- 23 TL Zimt
- 2 TL gemahlener Kardamom
- 3 Msp. gemahlene Muskatnuss
- 1 Msp. gemahlene Nelken
- 2 Bund Basilikum
- 5 Zweige Rosmarin
- 1 EL gehackter Thymian
- Mark von 2 Vanilleschoten
- 18 TL Vanilleextrakt
- 13 Päckchen Vanillezucker
- 1 Stück Ingwer
- 2 Knoblauchzehen
- 400 g Speckwürfel
- 12 Kaffeebohnen
- etwas Kaffeepulver

Milchprodukte und Öl

- 2770 ml Milch
- 1500 ml Sahne
- 1125 g Frischkäse
- 1000 g Magerquark
- 830 ml Buttermilch
- 780 g saure Sahne
- 350 g Naturjoghurt
- 250 g Mascarpone
- 150 g Crème fraîche
- 100 g Emmentaler
- 50 g Parmesan
- 3 EL geriebener Pecorino romano
- 465 ml Olivenöl
- 255 ml neutrales Pflanzenöl
- 2 EL Kokosöl

Nüsse und Müsli

- 180 g gehackte Mandeln
- 200 g gestiftelte Mandeln
- 75 g gemahlene Mandeln
- 175 g gemahlene Haselnüsse
- 50 g gehackte Haselnüsse
- 300 g Pekannüsse
- 200 g Studentenfutter
- 100 g Walnüsse
- 100 g Pistazien
- 80 g Macadamiakerne
- 50 g Pinienkerne
- 25 g Cashewkerne
- 25 g ganze Mandeln
- 600 g Haferflocken
- 30 g Leinsamen
- 30 g Weizenkleie
- 30 g Kokosraspel
- 30 g Zimt-Cerealien

Schokolade / Süßes

- 1130 g Zartbitterschokolade
- 250 g Vollmilchschokolade
- 330 g weiße Schokolade
- 250 g Vollmilchkuvertüre
- 150 g Zartbitterkuvertüre
- 385 g Kakaopulver
- 100 g Schokoraspel
- 3 Päckchen Vanillepuddingpulver
- 1 Glas Nuss-Nugat-Aufstrich
- 125 g Karamellcreme
- 225 g Honig
- 3 EL Agavendicksaft
- 2 EL Zuckerrübensirup
- 280 g Butterkekse
- 230 g Vollkornkekse
- 150 g Mini-Marshmallows
- 16 weiche Karamellbonbons

Alkoholisches / Flüssiges

- 155 ml Whiskey
- 100 ml Gin
- 55 ml Tequila
- 55 ml brauner Rum
- 40 ml Kirschwasser
- 30 ml Wodka
- 30 ml Cachaça
- 205 ml Eierlikör
- 100 ml Kahlúa
- 75 ml Grand Marnier
- 2 EL Baileys
- 250 ml Guinness
- 210 ml Champagner
- 75 ml Rotwein
- 310 ml Cola
- 240 ml Kaffee

Obst und Gemüse

- 1800 g Äpfel
- 300 g Birnen
- 3 Bananen
- 1 Mango
- 1 Granatapfel
- 5 Bio-Zitronen
- 3 Bio-Orangen
- 160 g Sauerkirschen
- 400 g Erdbeeren
- 375 g Blaubeeren
- 375 g Himbeeren
- 150 g getrocknete Cranberrys
- 80 g getrocknete Blaubeeren
- 100 g gefriergetrocknete Erdbeeren
- 280 g Erdbeermarmelade
- 250 g Himbeermarmelade
- 250 g Orangenmarmelade
- 12 TL Blaubeermarmelade
- 1 EL Preiselbeermarmelade
- 3 TL Limettenschale
- 2 EL kandierte Ananas
- 160 ml Orangensaft
- 100 ml Sauerkirschsaft
- 70 ml Zitronensaft
- 60 ml Granatapfelsaft
- 55 ml Limettensaft
- 5 EL Cranberrysaft
- 16 Belegkirschen
- 250 g Zwiebeln
- 60 g getrocknete Tomaten
- 1 Zucchini
- je 1 rote, gelbe und grüne Paprika

Über den Autor

Markus Hummel schwingt seit vielen Jahren den Schneebesen und beweist dabei immer wieder, dass nicht nur die Mädels eine gute Figur am Backofen machen.

Die Backleidenschaft des gelernten Schauspielers, der seit zehn Jahren festes Ensemblemitglied am Kinder- und Jugendtheater „Theater an der Donau“ in Ulm ist, rührt schon von seiner Kindheit her, doch so richtig entfacht wurde sie erst vor drei Jahren. Der Geburtstagskuchen für eine Freundin war damals der Funke, der aus einem gelegentlichen Hobby eine Passion machte. Schnell stand für ihn fest: „Ich möchte meine Leidenschaft, den Spaß und die Freude am Backen mit allen teilen!“

Diesen Wunsch setzte er bald erfolgreich in die Tat um: Seit 2013 präsentiert er auf seinem Blog www.backbube.com außergewöhnliche Backrezepte – von einfachen Cookies bis hin zu aufwendigen Torten und raffinierten Kuchen mit ausgefallenen Zutatenkombinationen.

Markus Hummel wagt sich dabei immer wieder auf neues Terrain vor und überrascht die Leser seines Blogs schon mal mit originellen Kreationen wie Wasabi-Matcha-Kuchen oder Erdbeer-Spargel-Törtchen. Seine Kreativität und seine Begeisterung kennen keine Grenzen – und so ist es auch kein Wunder, dass seine Rezepte schon in zahlreichen Magazinen veröffentlicht worden sind. Zudem war er bereits mehrfach im TV zu sehen und ist Kooperationspartner einiger namhafter Firmen.

Nun hat der Backbube seine Leidenschaft für die süße Kunst in ein Buch verpackt, das auch die Männer ansprechen soll und das mit vielen hilfreichen Tipps und Tricks die optimale Grundlage für jeden Backanfänger bietet. Es informiert nicht nur über Backutensilien und Zutaten, sondern verrät auch, wie man die wichtigsten Teige und sogar einige Zutaten selber herstellt. Natürlich enthält es außerdem die „Klassiker“ der Kuchenwelt.

Darüber hinaus zeigt Markus Hummel vor allem eines: dass der Kreativität beim Backen keine Grenzen gesetzt sind! Er verwandelt bekannte Cocktails im Handumdrehen in saftige Kuchen, verrät, mit welchen Leckereien man seine Lieben rumkriegt, und nimmt sogar den Grill zu Hilfe.

Ein Buch voller Inspirationen und ausgefallener Backideen! Das Motto „Möge der Schneebesen mit dir sein!“ (Parallelen zu einem Science-Fiction-Kultfilm sind durchaus beabsichtigt), mit dem Markus Hummel seine Leser auf dem Blog verabschiedet, soll gleichzeitig motivieren und animieren – den Schneebesen zu zücken und einfach draufloszubacken. Denn der Backbube ist überzeugt: Jederman(n) kann backen!

Impressum

Bibliografische Information der Deutschen Bibliothek.

Die Deutsche Bibliothek verzeichnet diese Publikation in der deutschen Nationalbibliografie.

Detaillierte bibliografische Daten sind im Internet über http://www.d-nb.de/ abrufbar.

EIN BUCH DER EDITION MICHAEL FISCHER

1. Auflage 2015

Covergestaltung: John Fitzgerald Curran

Projektmanagement: Natascha Mössbauer

Redaktion und Lektorat: Christiane Manz, München

Layout und Satz: John Fitzgerald Curran

Fotos: Jascha Pansch, JAP-Fotografie, Bellenberg

ISBN 978-3-86355-414-9

Printed in Slovakia

www.emf-verlag.de